# 人工智能 5G 和物联网时代的中国产业革命

李晓鹏 著

天津出版传媒集团
天津科学技术出版社

图书在版编目（CIP）数据

人工智能、5G与物联网时代的中国产业革命 / 李晓鹏著. —天津：天津科学技术出版社，2021.4
ISBN 978-7-5576-8822-6

Ⅰ.①人… Ⅱ.①李… Ⅲ.①高技术产业—研究—中国 Ⅳ.①F279.244.4

中国版本图书馆CIP数据核字（2021）第058891号

---

人工智能、5G与物联网时代的中国产业革命
RENGONGZHINENG 5G YU WULIANWANG SHIDAI DE ZHONGGUO CHANYEGEMING
责任编辑：吴文博
责任印制：兰　毅

| 出　　版： | 天津出版传媒集团 |
| --- | --- |
| | 天津科学技术出版社 |
| 地　　址： | 天津市西康路35号 |
| 邮　　编： | 300051 |
| 电　　话： | （022）23332377（编辑部） |
| 网　　址： | www.tjkjcbs.com.cn |
| 发　　行： | 新华书店经销 |
| 印　　刷： | 天津印艺通制版印刷股份有限公司 |

---

开本 710×1000　1/16　印张 13.25　字数 200 000
2021年4月第1版第1次印刷
定价：78.00元

# PREFACE 前言

科技产业是一套庞大而复杂的系统，即使相关领域的专业人士，也很容易会被它复杂多变的技术名词绕得晕头转向。在探讨各种产业技术趋势及其商业机会时，"5G""人工智能""物联网""大数据""无人驾驶""虚拟现实""芯片制造"等诸多时髦的科技名词和概念已无处不在。

然而，这些概念各自有怎样的特点和发展趋势？这些技术趋势与国家战略、产业升级、商业策略、个人就业如何关联？国家、企业以及我们个人，应该采取何种应对措施，才能抓住它们带来的机遇、战胜它们带来的挑战呢？

本书试图提供一个观察最新科技和相关产业进步的"主视角"，通过"人工智能（深度学习）、5G（新一代通信技术）和物联网"这三个枢纽型创新的梳理，从无数纷繁复杂的专业技术和新名词、新概念中找到一条关于科技进步和产业革命的主线，以帮助有兴趣的读者快速把握新一轮科技和产业革命的发展脉落。

如今，以人工智能（深度学习）为代表的新一代技术的影响已经相当深入。在中国的很多地方，连养猪都用上了人工智

### 人工智能、5G与物联网时代的中国产业革命

能——在山东和东北的一些养殖场，业主们在猪圈里边安装了很多摄像头和麦克风，通过图像识别和声音识别，可以准确地分辨出上千头猪。哪一头猪吃饱了，哪一头猪吃得太少，哪一头猪生病了，人工智能都能立即做出判断：吃饱了就停止喂食，吃得少的就再换一种饲料配方，生病了的赶紧通知饲养者给病猪隔离打针。

这个系统就是"5G、人工智能和物联网"。

所谓物联网，就是把不同种类的物与物的信息串联在一起的信息网络。人类用摄像头和麦克风来采集包括猪在内的各种物品的图像和声音等各种信息，然后上传到网络，就形成了物联网。人与人之间直接通信的互联网，也可以视为广义物联网的一个组成部分。

这些信息最适合用什么传递？

作为新一代通信技术的代表，5G（第五代无线通信）是传输物联网信息的最佳手段。上千头猪的视频数据传输量很大，以前的3G、4G以及WiFi的网络速度都不够，只有5G传输才够快、够稳定。

对这些数据进行处理，则离不开人工智能技术。种种信息传到网上以后，汇聚到养猪场的"大脑"——也就是中心数据库，由人工智能进行分析，最后做出决定，为每一头猪制订出个性化的饲养方案。

这个"5G+人工智能+物联网"的智能控制系统，可以简称为"5G智联"。在这个系统中，物联网终端负责收集信息，5G负责传输信息，人工智能负责处理信息。它可以被运用到社会生产生活的方方面面。

"5G+人工智能+物联网"的广泛渗透，会带来一场新的产业革命——就像当年瓦特发明蒸汽机开启的"工业革命"和法拉第发明电动机开启的"电气革命"一样——将彻底地改变这个世界。

# 前言 Preface

人类创造的所有产业,都可以看成是人体的延伸。比如纺织机械,它就是我们手的延伸——没有机器的时候,我们用双手来编织,后来有了纺织机械,就相当于多出了无数双手来帮我们纺织衣服。

交通工具,就是脚的延伸——我们原来是用双脚走路的,但是走得太慢,所以才有了汽车、火车、飞机、火箭……让我们走得更远更快。而像能源产业,比如石油、电力、天然气等,就是我们这个社会的血液,为社会的整体运行提供能量;钢铁、化工等这些材料产业,就好像是人体的骨骼和肌肉。

人类历史上的几次产业革命,从蒸汽机的发明,到发电机、内燃机的发明,均可以视为我们的手、脚的延伸,或者肌肉、血液的补充。但是,还缺一个最关键的部分没有得到充分延伸——我们的大脑以及整个神经系统。

大脑,是整个身体的控制中心,神经系统通过眼睛、耳朵、舌头、手指等器官采集到的信息来感知万事万物,并通过神经系统向大脑传递信号,然后大脑负责对这些信号进行分析处理,最后做出决策,再通过神经系统给身体下命令,指挥整个身体运行。

第一次工业革命和后来的电气化革命,虽说延伸了我们的手和脚,但决策仍然由人类来做。计算机发明以后,也主要还是起到辅助工具的作用,只能用来加快我们分析数据和处理信息的速度,其本身并不能代替人类做决策。只有当人工智能技术成熟以后,整个经济产业体系的"大脑"才真正出现,并把人类最终带入智能化社会。

可以说,人工智能就好比未来所有产业的大脑;物联网就是眼睛、耳朵以及我们的手指,负责感知万事万物;5G技术就是产业体系的神经网络，负责把物联网捕捉到的信息上传到"中枢神经"，并由人工智能负责处理并做出决策。

有了这样一套系统以后，人类自工业革命以来的整个现代产业体系才可以说真正建设完成。不管是汽车、火车、飞机等交通工具，还是各种机器机床等制造设备，都会被纳入"5G、人工智能、物联网"系统来控制。

关于智能化社会，很多科幻作家都做过想象性的描述，但大部分想象都没有实现。主要就是因为信息传输技术、人工智能技术和物联网传感器等技术还没有发展成熟。现在，无线通信技术已经发展到第五代，人工智能技术已经发展到第四代，物联网传感器技术已经从毫米、微米发展到纳米级。

这三个关键技术的突破，意味着智能化社会不再是科学幻想。

CONTENTS
目　录

01　打开未来之门：三大枢纽型创新 / 1

　　一、中国进入 5G 革命下半场 / 2
　　二、深度学习：第四代人工智能取得关键突破 / 7
　　三、智能新世界：物联网、大数据与数字孪生 / 18

02　走向世界前列：中国的枢纽型创新 / 23

　　一、领先世界的 5G 技术和通信产业链 / 25
　　二、人工智能"总量第二、增量第一" / 27
　　三、物联网：局部优势与巨大短板并存 / 29
　　四、后台核心技术：芯片与超级计算的竞争 / 35
　　五、工业软件生态：弯道超车 / 55

03　自主创新：中国 5G 产业致胜之路 / 63

　　一、从 3G 到 5G 的科技博弈 / 65
　　二、华为：民营企业草根创业传奇 / 89

## 04 追赶与引领：面向未来的国家创新体系 / 117

一、多元竞合：中国产业创新的系统性特征 / 118

二、半导体大战：美国日本的国家创新体系之争 / 132

三、硅谷与筑波：两种不同的创新体系 / 138

四、深圳、东北与潮汕：地方创新体系的三个样本对照 / 145

五、一个完整的国家创新体系应该是什么样的？ / 153

## 05 创造者社会：培养更为柔性的人才 / 177

一、与人工智能共存的"柔性人才" / 179

二、人类柔性才能的三大主要来源 / 180

三、生产智能化与人类劳动科创化 / 183

四、创新活动并非天才的专利 / 185

五、坚实的基础教育是人才培养之要义 / 188

六、面向5G与人工智能时代的国家创新体系 / 191

后记 / 201

参考文献 / 203

# 01

# 打开未来之门

## 三大枢纽型创新

## 一、中国进入 5G 革命下半场

5G，也就是第五代移动通信技术的简称。它同互联网革命一样，会给经济活动带来"底层逻辑"的变革，比 3G、4G 技术的影响力范围更广。

3G、4G 技术的主要影响局限在生活消费领域，作为消费者的我们已经强烈地感受到了，但这些技术对经济运行的基本构架影响还不算大。5G 跟 4G 相比，不仅速度加快了 10 倍，它的超大带宽、超低时延和超可靠性等特点，使它可以直接影响工业生产、公共服务等众多领域，其应用场景的广度和深度都会得到极大拓展。

要正确认识 5G 的意义，我们必须先了解几个基本技术概念。

业界一般将 5G 的应用场景分成三大块：高速移动宽带（eMMB）、高可靠低时延通信（URLLC）和大连接物联网（mMTC）。

如何理解 5G 三大应用场景的分类呢？

相对 4G，5G 带来了更快的速度、更短的延迟、更强的稳定性、更低的能耗，以及能支持更多用户。正好是 5 个"更"，我们可以将其称为 5G 的 5 个 G（Geng，更）。大部分人只关注第一个 G（更）："更快的速度"，也就是让手机的上网速度更快。但对后面几个 G（更）的关注比较少。

"更短的延迟，更强的稳定性"对应的是高可靠低时延通信（URLLC）。4G 的响应速度大概为 10～50 毫秒，而 5G 可以控制在 1 毫秒以下（实测数据是平均 0.64 毫秒）。而且，这种低时延的可靠性相当高，可以达到 99.999% 的可靠度。

5G 通信在终端高速运动和不断切换基站链接的情况下，仍可以保持信号的稳定和低延时，这是它强稳定性的一个体现——即使以 500 千米 / 小时的速度运动，5G 终端仍可以稳定地从一个基站切换到另一个基站，信号时延和可靠性仍可以得到保证。

超低延迟和高可靠性让 5G 的应用范围比 4G 更广阔，它将对以下领域影响较大：工业控制、交通安全、远程制造、远程手术等。

关于稳定性的应用意义，我们可以举两个例子。

第一个例子，称为"空客 320 计划"——用 5G 设备在飞机上替代所有的信号传输电缆和光缆。这个研究项目一旦成功，可以让空中客车（Airbus）这样的大型客机重量减轻接近 17 吨。

第二个例子，一家全国知名的大型化纤集团企业，在"中国制造业企业 500 强"中排名 200 余位。化纤长丝是他们的主打产品，每一根长丝需要 72 根细丝绞合在一起才能做出来。每根细丝的直径只有 7 微米，也就是只有头发的 1/10 那么细。在机器加工过程中，经常会出现"飘丝"的现象（也就是有的细丝飘到别的长丝上去了），这样就会出现残次品。

类似的问题每年会给工厂带来几千万的损失。以前只能是工人拿着手电筒巡检，每半个小时就把所有的机器检查一遍，但这样做效率很低，因为细丝太细，而且在机器上传送速度很快（4000 米 / 分钟），肉眼观察十分困难。

但在 5G 技术成熟以后，公司采用 8K 高清摄像头结合巡检机器人，利用 5G 技术的低时延特性大大提升了产品的优品率，彻底解决了长丝卷绕工艺中的"飘丝"检测难题。该系统可以在几百根微米级的细丝以 4000 米 / 分钟的下丝速度通过多孔轨道过程中，发现卷绕中出现的飘丝、漂杂等问题，彻底解决了质检环节中的人工成本高、漏检误检率高、次品率高等问题。

飞机的信号传输对可靠性要求极高，化纤检测则要求是 24 小时不间断地监控机器运转。在这两种情况下，所需的网络传输速度虽说 4G 和 WiFi 也能达到（当然 5G 更快、更有保证），但是在高速传输过程中的可靠性却很差，无法保证接收端与发射端长期且不间断地连接。这种不可靠性在我们日常使用中不会存在什么

## 人工智能、5G与物联网时代的中国产业革命

大的问题，比如，我们在玩手机时，信号中断几秒钟，大部分情况下我们是察觉不到的，即使是在线看视频或听音乐，也会因为缓存而感受不到卡顿。

但在飞行安全和工业生产领域，4G的这种低可靠性就是不可接受的。正因如此，4G和WiFi技术在生活消费领域得到了广泛应用，但在工业等其他领域中的使用率就相对较低了。

此外，像远程视频会议，虽然4G和WiFi信号也勉强可用，但其稳定性较差，如果参与人数较多，则对实际会议的替代能力就相对较差。而在5G的高速及高可靠性支持下，远程会议才有可能较大规模地替代面对面的交流，进而彻底改变以往的商务沟通模式。

所以，我们才说，5G技术会给我们的生产生活带来颠覆性的改变，这也是它超越4G技术的地方。

"更低的功耗，支持更多用户"对应的是物联网（mMTC）。5G的连接密度相对4G提高了10～100倍，可以达到每平方千米数百万个。例如，城市规划的标准是每平方千米1万人，热门景区在节假日期间的人流密度不会超过每平方千米100万人，所以，4G基站的接入密度用来给大家玩手机是没问题的。但如果要实现物联网，其连接数量就很容易突破上限——水表、电表、燃气管道地下管网，天上飞的、地上跑的、身上穿的、家里用的各种智能设备——假如要实现"万物互联"，如此大的接入密度，仅靠4G技术是撑不住的。

物联网的特点是信号小、数量大，而且芯片植入以后长期不用更换，很多场景要求在不更换电池的情况下芯片能连续使用十年以上，因此能耗必须控制到极低。"数字地球"的概念早在2004年就被提出来了，中国从2008年开始就力推"智慧城市"建设。好多想法在当时看来近乎科幻，到现在也只有很小一部分实现了，主要就是遇到了通信技术瓶颈。随着5G时代来临，技术瓶颈被一一突破，物联网和智慧城市的概念将会迎来新一轮爆发。

5G技术的研发、制造，十多年前就开始了。开发5G编码的时间是2008年；而5G的基础设施布局，是商用牌照发放前后的一两年；5G的场景应用，则是基础设施布局之后十多年甚至是更长时间。然而，从2019年下半年5G牌照正式发

放开始,"5G革命"就进入了下半场,以场景应用来带动其他产业全方位进步,将会成为驱动这个下半场的核心动力。

5G革命进入商业应用和产业化阶段以后,我们就可以按照商业和产业的逻辑,来对5G应用场景进行新的分类,如表1所示。

表1　　　　　　　　　　5G应用场景与初步实践

| 一级场景 | 二级场景 | 三级场景 | 场景技术特征 | 前沿探索 |
| --- | --- | --- | --- | --- |
| 产业场景 | 制造业 | 工业互联网（工业4.0） | URLLC | 浙江移动、浙江中控与新安化工5G+智能制造示范项目 |
| | | 自动化机器人 | URLLC+AI | 美的5G电子车间 |
| | | AI柔性生产 | URLLC+AI | 合肥联宝科技"水星线" |
| | | 智慧建筑 | mMTC | 广联达5G+智慧工地 |
| | 服务业 | 远程医疗、手术机器人 | URLLC+eMMB | 海南总医院5G远程医疗手术 |
| | | 云计算与云协同 | eMMB | 阿里云工业互联网平台 |
| | | 智慧物流 | mMTC | 京东与联通5G智慧物流应用场景联合研究 |
| | | 远程教育 | eMMB | 威尔文教"VR超感教室" |
| | | VR会议办公 | eMMB | 厦门汇利伟业VR远程多人交互会议测试 |
| | 农业 | 智慧农业 | eMMB+mMTC | 浙江瑞安"5G田" |
| 生活场景 | 传统载体（手机电脑） | 超高清视频 | eMMB | 江西春晚5G直播 |
| | | 个人AI助理 | eMMB+AI | Jovi AI智能助理2.0 |
| | | AR购物 | eMMB | 天猫AR BUY+ |
| | 新兴载体 | VR | eMMB | 华为视频VR版 |
| | | 车联网、自动无人驾驶 | URLLC | 厦门全国首个商用级5G智能网联驾驶平台 |
| | | 联网无人机 | URLLC+eMMB | 余杭5G无人机物流 |
| | | 个人健康智慧管理 | mMTC | 小米智能手环 |
| | | 智能家居 | mMTC | 百度云智能家居平台 |
| | | 机器人助手 | URLLC+AI | 华为云端导盲头盔 |

**人工智能、5G与物联网时代的中国产业革命**

续表

| 一级场景 | 二级场景 | 三级场景 | 场景技术特征 | 前沿探索 |
|---|---|---|---|---|
| 公共服务场景 | 居民公共服务 | 智能抄表 | mMTC | 武汉阿迪克能源物联网智能抄表LoRaWAN系统 |
| | | 智能安防 | mMTC | 沈阳5G智能巡检机器人、深圳南山区5G智慧消防平台 |
| | | 智慧社区 | eMMB+mMTC | 北京"5G+AIOT智慧社区" |
| | 企业公共服务 | 智慧园区 | mMTC | 舟山海洋科学城5G+智慧园区 |
| | | 5G公共平台 | eMMB+AI | 重庆5G自动驾驶示范公共服务平台 |
| | 城市运营综合服务 | 智慧电力 | mMTC | 河南5G高压变电站测试 |
| | | 智慧交通 | mMTC+URLLC | 上海国际汽车城5G智慧交通示范区 |
| | | 智慧综合管廊 | mMTC | 雄安5G+AR智慧管廊计划 |
| | | 大数据智能政务 | eMMB | 广州海珠区5G智慧政务创新实验室 |
| | | 城市综合运行 | mMTC+URLLC | 移动"5G+新型智慧城市" |

资料来源:中兴大城产业经济研究院《场景应用是驱动5G革命的核心动力》。

从这张表格,我们可以看出,5G正在深入渗透进社会运行的方方面面,对生产、生活、公共服务等方面产生巨大的影响。这就预示了——今后,在这每一个场景中都会产生巨大的投资需求和产业空间,无数的机会等着我们去挖掘。

纯粹从技术的角度来讲,从1G到5G,是通信技术发展的5个阶段。但从互联网的角度来看,我们认为可以分为3个时代:第一代互联网是有线网络时代,电话线、网线、光纤线都算,而1G和2G通信还不算互联网技术;第二代互联网是移动互联时代,从3G时代开始,移动通信才算融入了互联网,3G和4G都属于第二个时代;第三代互联网是万物互联时代,标志就是5G。

在第一个互联网时代,欧美企业发展了很多年以后,我们才开始跟进,进而出现了腾讯、阿里巴巴、百度、新浪、搜狐等一大批互联网科技公司,基本上都是模仿国外的应用场景和商业模式。

第二个互联网时代,是由美国的苹果公司和谷歌公司为代表开启的,但国内很快就跟进了,涌现出了微博、滴滴打车、抖音、移动支付、饿了么等新的应用创新以及一大批智能手机生产商，在发展后期基本实现了与国际创新的同步。其中，抖音短视频和移动支付更是走在了世界前列。

而在第三个互联网时代，以华为为代表的中国公司开始掌握主动权，中国很有可能会成为高科技企业变革的"领头羊"——在硬件和软件领域都将如此。这时候，高科技企业创新的空间会更加广阔，也必然会有更多颠覆性的创新技术出现。

## 二、深度学习：第四代人工智能取得关键突破

在表格"5G应用场景分类"中——"场景技术特征"这一列，除了eMMB、mMTC、URLLC这3个5G技术特征以外，AI这个词也经常出现。

AI，也就是人工智能（Artificial Inteligence）技术的简称。5G的诸多关键应用场景都必须要有人工智能技术的支持才能实现，比如自动化生产、个人智能助理等。由于5G的传输数据量极大，这些数据如果不能得到高效的分析处理，5G技术的意义就会大打折扣，难以取得相对于4G等上一代通信技术的革命性优势。

1. 人工智能的代际差异

人工智能是一种软件技术，跟芯片和控制器等硬件结合起来，可以用来组织生产，驾驶汽车飞机等交通工具，给病人诊断疾病，解决各种数学、物理难题，等等。

无线通信技术分为一代、二代、三代、四代、五代，分别对应1G、2G、3G、4G、5G。人工智能技术也可以分为好几代，目前主要是四代，技术上可预见的还有第五代，本书所关注的人工智能技术主要是第四代。

人工智能的四代划分，主要以其所解决问题的复杂程度为标准。

第一代，是简单组合的电脑控制系统，只比人工控制模式复杂一点儿。比如，家庭常用的洗衣机，它的人工控制模式就是：按一个键放水—再按另一个键洗衣服—再按一个键脱水—再按一个键烘干，人为干预每一个环节。后来，人们在洗衣机中植入芯片和软件程序，只需按一个键，洗衣机就可以自动完成放水、洗衣服、脱水、烘干的全过程。而且，洗衣机还可以根据衣物的重量来自己决定

进水量和洗衣的时间。

把一步一步的人为操作，变成由电脑程序来一次性完成的工作，再让机器自己根据一些简单的变量做出选择——这就是第一代人工智能。严格来说，它并不"智能"，只是实现了控制步骤的整体整合，它在任何方面都无法跟人类的智力水平相提并论。

第二代，可以在某些方面达到或者超过人类思维速度的复杂决策程序，也可以在某些方面与人类交流。比如，电脑可以跟人下象棋，一般人下不过电脑，但专业棋手却很容易赢过电脑——这比全自动洗衣机的程序复杂多了。我们玩电脑单机游戏，以电脑为对手，一般会称之为 AI 对手——指的就是第二代人工智能。在生活中，扫地机器人这种更复杂的家电出现了，它基本上可以在扫地这个方面代替人类——程序设定好之后自动充电、自动清扫，全程不需要人工参与。电脑可以实现基本的语音识别，并根据语音命令行动，还能够根据历史数据分析总结出用户的一些偏好。现在，大部分贴着 AI 标签的消费品和应用软件，基本都是采用了第二代人工智能技术。

第三代人工智能，是使用了概率算法并可以进行简单机器学习的人工智能。在规则清楚的情况下，这一代人工智能已经可以在某些特定方面超过人类最顶尖的专业选手。2016 年 3 月，击败韩国围棋选手李世石的谷歌软件阿尔法狗（Alfa Go），就是第三代人工智能的产物。它计算棋路的方式还是人类给它设定的，也就是基于决策树的"蒙特卡洛方法"——把穷举问题变成概率问题，突破了计算机决策的计算速度上限，因此看起来更加智能了。另外，汉字的手写输入和扫描识别技术，也是基于第三代人工智能才得以实现的。

第四代人工智能，是可以进行自主深度学习的人工智能。人类并不需要告诉电脑该怎么做，只需要给出目标，而且是人类自身体力和智力都难以达到的目标，人工智能自己就会去学习并找到达到目标的方法和路径，帮助人类更有效率地完成目标，甚至完成以前人类无法达到的目标。谷歌公司研发的新一代围棋软件阿尔法元（Alpha Zero）就是基于第四代人工智能做出来的。在它面前，横扫一切人类围棋大师的"阿尔法狗"就是幼儿园水平。"阿尔法元"对局"阿尔法狗"100盘，连胜100盘。而且，"阿尔法元"的下棋风格已经跟人类完全两样，纵观人类上千年围棋史，也找不出这个风格的布局方式。

所以，只有第四代人工智能，才算得上是比较完善的人工智能，也才能够支撑一次真正意义上的产业革命。

第四代之后是第五代。第五代人工智能可能是基于量子计算的人工智能，但目前还停留在理论研究阶段，何时可以实现不得而知。这个阶段的人工智能不仅可以在某一项具体工作方面代替人类，还可以通过深度学习在诸多方面代替人类，甚至可以把一项完整、抽象而且持续时间长、场景变化复杂的任务交给它去完成。比如，可以在数年的时间内独立照顾小孩或者老人起居，科幻电影中的智能机器人助手在这一阶段会成为现实。

当下，"5G+人工智能+物联网"产业革命尚不能指望第五代人工智能来支撑。有很多关于人工智能技术与人类最终命运的哲学化思考，比如人工智能会不会统治人类、人脑能否与机器大脑融合等，至少也要到第五代人工智能发展成熟之后，才真正有去思考的意义。

自从计算机发明以后，人类掀起过三次人工智能热潮，前面两次浪潮分别发生在20世纪60年代和20世纪80年代，但最后都"退潮"了，因为人工智能技术没有产生预期的革命性影响。原因是这两代技术和人类的思维能力差距太大，无法胜任大规模的、复杂的工作场景。只有在以深度学习为代表的第四代人工智能技术发展得比较完善以后，人工智能才能对我们的生产生活产生颠覆性的影响。

2. 深度学习以前的人工智能

第四代技术和第三代技术的关键差别在哪里呢？

首先，为了更好地理解第三代技术的原理，我们以大家熟悉的棋类运动来举例。

早期人工智能的技术，是利用计算机的计算能力实现"穷举"（在研究对象是由有限个元素构成的集合时，把所有对象一一列举出来，再对其一一进行研究），算法完全是由人类程序员编制好的。比如下五子棋，只需要把五个棋子在棋盘

### 人工智能、5G与物联网时代的中国产业革命

上连在一起就可以获胜，它的变化数量比较少（相对于现代计算机而言）。所以，只要把所有符合规则的落子方法都列举出来，计算机就能找到可以获胜的下棋方法。

同样的办法用来下象棋的话，难度就大多了。因为象棋的变化远远超过五子棋，棋子更多，规则也更复杂，按照21世纪初期及其以前的计算机运算能力，根本无法实现穷举。计算机跟人一样，也就只能看几步棋，不可能把所有的可能性都穷举完。1997年击败国际象棋大师——卡斯帕罗夫的计算机"深蓝"最多也就可以看12步棋。

那怎么办呢？以中国象棋为例，只能根据人类下象棋的经验来"打分"。比如车是最厉害的子，给它打分是10分，炮和马差不多，各6分。如果计算机能算出五步棋之内的所有下法，其中的一种是自己丢掉一个车，吃掉对方一个马，那么就是丢掉10分的同时得到6分，最后算下来不划算，失去了4分。它就不会采用这种下法。而另外一种是自己丢掉一个车，同时能吃掉对方一个炮和一个马，那就是自己丢掉10分的同时得到12分，这样是划算的。

为什么车是10分，马和炮是6分呢？计算机并不知道，这是人类根据经验给打的分。

除了对棋子打分以外，人类还可以根据经验对某些局面打分。比如，当头炮是有利的局面，可以得5分，而一个卒的得分是2分。为了架起当头炮，丢掉一个卒就是划算的，而丢掉一个炮就是不划算的。沉底炮可以得6分，卧槽马也可以得6分。还可以再复杂一些，引进一些象棋口诀，比如"三子归边必赢棋"，也就是把车马炮三个棋子都放到敌方棋盘的同一个方向，赢棋的概率就非常高。那么这个局面就可以打7分，为了实现这个局面，可以丢掉一个炮或者马，等等。

通过人类经验打分，并设计出一套计算规则，让计算机对不同的局面打分。这样，计算机就不用计算到最后，而只需计算未来的五六步棋即可，然后评估得分，选择得分最高的那种走法就可以了。

这种方法被很夸张地称为——"神经网络算法"，听上去很唬人，很多人声称它是对人类神经元决策方式的模拟，但本质上就是对不同要素或事件进行综合决

策，然后进行函数计算，得到一个数值，并根据这个值的高低来做最终决策——打分、函数和决策的标准都是人类定的。如果把"神经"两个字去掉，叫"网络算法"更符合其技术本质。

神经网络算法——也就是"多要素打分算法"，在一开始，由于打分规则存在漏洞，还不能囊括棋局的全部变化，所以，人类象棋高手同计算能力不太强的电脑下棋时还有获胜的希望。但随着打分技术趋于完善以及计算机能力的提高，如今，在象棋领域，人类中的顶级高手基本上也无法战胜电脑了。

到了围棋这里，问题就更加复杂。围棋规则简单，但是棋子数量众多，变幻无穷，人类现有的计算机技术根本无法实现穷举——围棋的落子可能性有 $1.43 \times 10^{768}$ 种，可观测宇宙范围内的原子总数也不会超过 $10^{80}$。所以，围棋的变化比全宇宙所包含的原子数量还要多上十多倍——围棋的变化是如此之多，以至于计算机不仅无法穷举，即使用打分的办法，也会因为局面变化太复杂而漏洞百出。

为了解决这个问题——"蒙特卡洛方法"被引进了。

所谓"蒙特卡洛方法"，就是把穷举法变成随机抽样法。"打分法"只能提前预测几步棋，但这几步棋却实现了穷举，本质上就是保留穷举的同时牺牲计算的步数。而蒙特卡洛方法，就是不牺牲步数而放弃穷举。当计算机面临选择的时候，它不会把所有的可能性都计算完，而是随机选择一种可能，一口气把棋下完，然后再看是输还是赢。所以，计算机可以利用自己强大的计算能力，进行数量巨大（比如十万次）的随机选择，看输和赢的概率，最后选择赢的概率最高的那种方法来下棋。

比如，计算机执白棋，人类对手执黑棋。假设在某一步的时候，计算机面临 A、B、C、D 四种落子选择，它该选哪个呢？

首先，它假设自己把白棋落在了 A 点。然后，在符合围棋规则的前提下，它开始随机模拟落子 A 点以后的局面变化。它会根据围棋规则一步一步地落下黑棋和白棋，一直到最后黑棋和白棋把整个棋盘填满，这一局结束。这一次随机落子的结果，假设是黑棋赢了，计算机就记下来：黑棋赢了一次。接着，计算机再来模拟另外一种落子方式，只要遵守围棋规则而不管每一次落子是好棋还是烂棋——然后一直下到最后。这一次，可能是白棋赢了，计算机又记下来：白棋赢了一次。

由于每一次都是随机落子，模拟接下来的整局所需要的计算量只有几百次，这对计算机而言可谓微不足道。对一秒钟可以运算3亿次的计算机来说，它一秒钟就可以模拟出约100万个不同的棋局。

它在统计完这100万次随机棋局后，发现有30万次是白棋赢了，70万次是黑棋赢了。于是计算机得出结论：把白棋落在A点的获胜概率是30%。

用同样的办法，计算机再模拟100万次把白棋落在B点以后的随机棋局，黑棋赢了50万次，白棋赢了50万次，胜率就是50%。

再继续模拟白棋落子C点和D点的随机棋局，得到结论：白棋落子C点的胜率是80%，落子D点的胜率是60%。

最后，计算机决定把白棋落在C点，因为胜率更高。

由于计算量巨大，即随机样本大，这种对胜率的预测相当准确。而且它不只是算一次——对手每下一步，计算机都会重新预测下一步棋所能取得的胜率，然后再选择随机胜率最高的下法。一直到最后，棋盘上的空间越来越小，计算机已经可以穷举所有可能性，就不再用随机概率预测，直接选择胜率百分之百的方式走完残局就可以。

战胜围棋名家李世石的围棋软件——阿尔法狗，用的就是这一原理。当然，它也同时采用了"神经网络算法"的打分法：由一些专业棋手来根据围棋理论对当前局面打分，将一些明显不应该落子的地方排除掉，以提高计算机的计算精确度。此外，它还使用了简单的机器学习技术，让计算机自己根据实战经验对打分法进行改进。

这就是第三代人工智能技术。机器学习还得依赖人类经验，只不过加入了概率计算，突破了计算机的穷举极限。

第三代智能技术还有一个很关键的问题没有得到解决：它表现的好坏，主要还是取决于人类自己进行经验总结的质量。围棋是一个规则比较简单的事情，非常适合采用经验打分加概率计算的方法来解决，但在一些具体的生产生活场景中，人类自己总结的经验都不可靠。在这种情况下，第三代人工智能也就很难发挥作用了。

比如，在人脸识别领域，我们人类一眼就能分辨出图片中的人脸。但要我们去写出一个描述人脸特征的算法公式却非常困难。人脸有什么特点？椭圆形的物体，上面盖着一层黑色？那剃个光头就不是人脸了？有两个黑色的小圆圈，左右是白色的三角形，而且左右基本对称？那人脸和猫脸、马脸如何区分呢？人类根据自身经验可以快速得到一些结论，但这些结论要想总结清晰并改编成计算机语言，则非常困难。

在汽车自动驾驶领域，人类可以经过训练变成合格的驾驶员。但道路情况千变万化，要把所有可能的变化都变成精确的计算机语言，其复杂程度就太高了。

人类之所以具有智能，很大程度是因为我们具备从具体事物中抽象出概念的能力，然后用概念去应对一些变化的具体事物。这种能力要想变成计算机所能执行的程序，在围棋这种规则简单的场景中尚可实现，但在复杂的生产生活场景中，就大大超过了人类程序员所能承担的工作量。

3. 基于深度机器学习的人工智能

同第三代相比，第四代人工智能技术就有了质的改变。深度学习可以让计算机自己从大数据中发现和定义特征。

如何理解这句话呢？

深度学习，就是让计算机通过实践来自己寻找打分标准和函数。比如下中国象棋，一个车的价值是10分还是9分还是11分？"马后炮"的局面应该得几分？这些都是人类经验结论。现在人类不再告诉计算机结论了，只告诉它象棋的规则，让它自己跟自己下象棋，不断地下，然后自己总结出规律，给每个棋子打分，给每个不同的局面打分。计算机自己将规律总结出来，然后再用这个规律去跟人下棋，或者跟别的人工智能下棋，或者对照之前的象棋谱比较……总之，通过各种办法来测试它总结的规律是不是"靠谱"。

每下一盘棋，计算机都会根据胜负修正自己所总结的规律。随着下棋的次数

## 人工智能、5G与物联网时代的中国产业革命

不断增多，规律就越趋于完美——这也就是"机器学习"的最大特点。计算机总结的规律数量巨大，但缺乏指向性，需要海量的实践数据才能让其所总结的规律最终优化到可以战胜人类高手。

计算机的计算速度极快，而且它可以24小时不间断地下棋来改进自己总结的规律。因此，在棋类运动方面，通过机器学习成为高手是比较容易的。"阿尔法元"（Alpha Zero，即谷歌的DeepMind系统）就是让电脑自己和自己下棋来总结规律。

机器学习可以用于更复杂的领域。我们以图片识别为例来说明。

第三代人工智能技术，是人类程序员先输入一些判别各种物体特征的程序和算法，然后计算机再根据这些特征去判断图片上有没有符合这些特征的，最后识别出来。由于图片千变万化，识别率长期以来都非常低，之前无数专业人员的努力，也就能让计算机的识别率每年提高1%左右。在2012年之前，顶级的算法最多也就能实现大约75%的识别率。

2012年，这个局面被彻底改变了，电脑识别率一下提高了10个百分点。此后，人脸识别等技术才具有了真正的实用性，被普遍应用到各个领域。

这个突破性的技术，就是深度学习。

同下围棋一样，人类给计算机设定了识别图片的规则，然后让它自己去尝试。这个规则很简单，就是让它把一张图片压缩。比如，将一张1000万像素的图片压缩成100万像素，然后，再把这张100万像素的图片还原成为1000万像素的图片。同时，给计算机设定一些人类已知的各种数学工具，以供其使用。刚开始，计算机会随机压缩图片，不过，如果没有找好规律，压缩之后会丢失掉很多图片信息，最后还原出来的图片同原图对比差别较大。

慢慢地，经过万亿次的计算之后，计算机会自己发现一些规律。比如，某些图片的某个部分A与另一个部分B是完全一样的，那么它就可以只记录A部分的像素，然后记录B部分在图片中的位置，删掉B部分的像素数据就可以了。这样就把图片压缩了。

再进一步，计算机可以找到一些概念性的总结，比如正方形的图案、等边三

角形的图案等。这样，就只需要保留一条边的数据，然后加上"这是一个正方形的图案的一条边"或者"这是一个等边三角形的一条边"这个标志，就可以把这个图案完整复原出来。如此，可以节省很多的空间，提高压缩图片的速率。

计算机不会有"正方形"和"等边三角形"的概念，它只会把这些概念显示为一串特征代码，比如正方形是它发现的第一万个图形特征，它的代码就可能是——10011100010000。这个时候，当人类看到计算机总结的这个图案特征其实就是我们说的正方形，就输入一个指令，告诉计算机，这个编码为10011100010000 的图案特征，我们人类叫作"正方形"。这样，计算机就掌握了正方形这个概念。以后再输入"正方形"的搜索指令，计算机就能快速地从无数图片中找到正方形图案。至于计算机自己是如何定义正方形特征的，人类可以不用管，人类只需要把计算机自己找到的这个特征的编码和我们人类语言给它的定义连接起来就可以了。

运用这样的原理，谷歌让每秒钟可以进行几百万亿次计算的计算机反复对1000 万张图片进行"压缩、复原、对照"。通过三天的运算，终于让计算机发现了"人脸"这个特征。只要它在图片中发现符合"人脸"这个特征的图案，就会用一组特殊算法对这部分图案进行压缩，比如人的眼睛左右部分是基本对称的，只需要记录一只眼睛的数据，然后记录另一只眼睛的不同之处，就可以将图片信息压缩差不多一半。但计算机并不知道这个特征叫作"人脸"，它只是发现这个特征对压缩图片很有用，就对它进行编码处理。这个时候，人类只需要告诉计算机：你发现的这个特征，我们叫作"人脸"。以后，我们只需输入"人脸"搜索的指令，计算机就可以从无数的图片中快速地把符合指令要求的人脸找出来。

"输入—压缩—复原—对照检验—改进"，对这 5 个步骤反复进行，就可以让计算机像人一样，找到海量信息数据中的关键特征，并对其进行编码处理。用这样的办法，我们就可以不用将人类的经验特征一条一条地总结成计算机语言输入电脑了，只需要编码计算机自己总结出来的特征中与人类所总结的特征相符的东西就行了。

这个学习过程有时候需要人去监督修正，有时候不需要，如此也就分出了有监督的机器学习和无监督的机器学习。计算机发现的压缩规律本身还可以再作为输入结果，进行再压缩和再复原对照检验，变得更为抽象和精炼，这就是第二层的学习。层数增加到三层以后，就可以称之为"深度机器学习"。谷歌的人脸识别技术，就是经过多层机器学习之后才逐渐趋于完善的。

4. 深度学习的革命性意义

目前，人们对新一轮人工智能的看法大体比较一致，主要有以下两个看法。

第一，第四代人工智能还是有局限的人工智能技术。从技术上来看，要发展到人类水平智能（即通用人工智能或强人工智能）仍然存在巨大的障碍，达成该目标还很遥远。

第二，人工智能已经具备广泛的实用价值，将极大地改进人类认识世界和改变世界的模式，同时还会取代很多重复性高、技能要求不高的岗位。在这一轮人工智能技术的冲击下，财务会计、客服代表、股票交易员、律师助理、司机、流水线工人等职业将会逐渐消失。

从产业经济的角度来说，我们只需要考虑第二个方面，而无须期待或担心人工智能超过人类及其之后的影响。诸如机器控制或者统治人类、人类通过电脑实现意识永生之类的事情，这些都还属于科幻小说家的工作领域，不在本书研讨的范围之内。

尽管如此，深度学习的革命性意义仍然不容小觑。它让计算机掌握了总结抽象规律的能力。这道关键的门槛迈过去之后，人工智能的应用范围必将得到极大拓展。

人类不再需要代替计算机去总结规律，只需要给计算机提供足够大的样本数据，然后告诉计算机需要什么样的结果，剩下的绝大部分工作，就可以交给计算机来完成了（学习过程的一些关键节点还需要人类监督干预，这样可以保证学习结果精确可用）。这样，人工智能所能解决问题的广度，就可以超过人类程序员的总结能力和代码输入的工作量，几乎是可以无限扩展了。

尽管在不同行业、领域的具体应用过程中，需要做的改进和有待突破的技术细节还有很多，计算机经过深度学习以后并不一定会得出肯定有意义的结果，整个过程仍然需要人类的监督和辅助，但对于这些困难，只要消耗人类一定的人力、财力就可以完美解决了。

驾驶汽车就是典型的被人类所掌握的重复性工作。如果需要人类一条一条地输入注意事项，告诉电脑该如何开车，需要海量的时间以及人类输入的代码，才能穷尽千变万化的道路情况。但运用机器学习，只需要在足够多的汽车上安装图像、距离、声音和汽车状态传感器，然后不断地搜集数据进行深度机器学习，让计算机自己整合安全驾驶与各个传感器指标数据的关联。只要数据量足够大，计算机就可以自己找到正确的驾驶方法。

人类的主要工作并不是告诉计算机如何判断行驶的安全距离，如何确定刹车力度，如何应对突然出现的横穿道路的行人，或者各种稀奇古怪的障碍物，而是搜集足够庞大的数据和提供足够大的计算容量，并在关键问题上帮助计算机完善修正由它自己总结出来的规律，确保深度学习向着有意义的方向发展。

深度学习算法最终不会发现绝对意义上的完美驾驶规则，但可以随着数据量的增加和计算能力的提升无限接近这个目标，并最终让电脑驾驶的安全性大大超越人类驾驶汽车的安全性。

在几乎所有可以搜集到足够多数据的领域内，这一算法都是可以运用的。

2020年12月，在"阿尔法狗"战胜李世石四年之后，谷歌公司运用"阿尔法狗"的人工智能深度学习技术，在生物学的一个重要领域"蛋白质结构预测"取得了关键突破。这是一个困扰人类数十年的科学难题，按照传统的科研方法几乎就无法解决。但谷歌公司让人工智能程序自己去对蛋白质结构的数据进行学习，人工智能程序在没学过生物学的情况下，仅仅根据这些数据，就自己找到了"蛋白质结构预测"的方法。这是人类运用深度学习解决关键科学问题的一个经典案例。它也说明第四代人工智能绝不仅仅是用来玩围棋这种简单规则游戏，而是人类科技研究方法的根本性突破。

以前，人类科学研究总想知道"为什么"，通过因果关系来推导科学结构。但第四代人工智能则可以完全抛开这种传统思维模式，不需要知道"为什么"，只需要对数据进行超大规模学习，就能找到问题的解决方案。而对方案背后的原理，计算机不知道，制造计算机和编写计算机程序的人类也不知道。这是我们认识世界的方法论的一种根本性颠覆和创新。

在未来的数十年里，深度学习将对人类科研体系产生巨大的推动力，人类科学技术将会掀起新一轮的创新浪潮，并逐步向产业和商业领域转化渗透，从而推动一场持续数十年的新兴产业革命。其深远的影响甚至可能会持续数个世纪。

### 三、智能新世界：物联网、大数据与数字孪生

在深度学习算法突破以后，这一轮人工智能的主要问题就从算法问题变成了数据问题。也就是说，在搜集数据越多、数据质量越高的领域，人工智能的替代率就会越高。

目前，人工智能替代人类做得最好的领域，并非大多数人想象的生产流水线或者汽车驾驶等一些看上去不太需要很多智力和知识的领域。实际上，生产线和汽车驾驶所需要的人类经验相当复杂，尤其是要把这些经验转变成可以由机器自主学习的大数据非常困难。这一代人工智能技术对人类工作替代最广的领域是金融领域——一个看上去技术含量非常高、需要极高智商和复杂知识的领域。

之所以如此，是因为金融领域的信息化基础最好，数据最多也最丰富，而且质量很高。这是因为，金融决策所需要的信息几乎全都数字化了。

相比于人类，人工智能的优势更显而易见。早在2014年，高盛便联合谷歌开发了一款由AI驱动的大数据智能分析处理引擎：肯硕（Kensho）。当肯硕被问到："iPhone6发布后，哪些股票会涨"的时候，它只用了不到一秒钟就给出了精确的答案。

根据商业智能公司"联盟（Coalition）"提供的数据：2011—2016年，在全球10家领先的投资银行中，从事固定收益业务、股票和银行投资业务的交易员从业人数下降了20%以上，而这一趋势还在继续。

交易员逐渐被替代，说明华尔街的传奇景象已成为历史，而这只是金融领域变革的一个缩影而已。

新闻写作在人工智能技术的影响下，也发生了翻天覆地的变化。大多数人不

知道的是，绝大部分新闻是可以用一些固定的模板来写作的。比如，股市行情、政府新闻发布会的内容、足球比赛的结果等。它可能会比财务数据要复杂一些，不过文字信息的数据化不会太难，计算机通过阅读大量的新闻报道，再加上人工监督修正，就可以快速掌握即时新闻的写作技巧。而且，计算机写作速度极快，人类新闻记者根本无法企及。

早在2014年，美联社与提供自动化写作服务的公司"自动洞察（Automated Insights）"达成合作协议，让机器人"文字工匠"（Word Smith）读取公司的新闻稿，分析报告和股票表现等信息，按照编辑预先提供的构架，自动生成偏于数据分析的财经新闻。经过3个月的训练，AI技术便掌握了新闻写作的基本规范，并且比人类写作错误率更低，极大地提高了新闻文章的质量。

腾讯公司所开发的自动化新闻撰写程序"梦想写作者"（Dreamwriter）在不到一分钟的时间内就可以撰写一篇商业文章（包括分析师的评论）。2017年，"梦想写作者"在财经领域以及科技领域的发稿量超过2000篇/天，体育稿件500篇/天，内容涉及每天行情报盘、上市公司公告精要报道以及体育赛事每轮每场的消息。如今，人工智能已经能够代替20%的传统新闻写作工作，其主要代替领域集中在金融和体育新闻领域，并还在迅速扩展中。

金融交易、财务会计和新闻写作领域的进展及其差异体现了新一代人工智能技术的特点：人工智能替代人类工作的能力，并不是由这项工作中的智力劳动含量所决定的，而主要是由这项工作的可重复程度和数字化程度所决定的。

即使是一些看上去很简单的劳动，如果数字化程度不高，人工智能在该领域的推广就会遇到极大阻碍，比如照顾老人的家政服务；而一些看上去很复杂的工作，如果能实现高度的数字化，人工智能就会很容易通过深度学习来掌握技巧代替人类，比如金融交易。

人类眼中的简单工作和复杂工作的差异，在计算机强大的运算能力面前其实微不足道，只要不包括创新能力，年薪百万的工作和年薪十万的工作所需要的计算量几乎没有差别，只需要满足两个条件，人工智能就可能实现替代。

第一，此项工作是可重复的，不需要创造性。

**人工智能、5G与物联网时代的中国产业革命**

第二，工作的所有环节都可以数据化，可以提供海量的人类操作历史数据供计算机进行深度学习。

第一条是本轮人工智能革命的技术上限，即人类的创造性思维仍不可被替代。第二条则需要通过物联网和大数据，并配合5G技术来实现。

跟5G革命一样，这一轮人工智能革命差不多已经进入下半场——底层算法基本趋于完善，接下来最重要的就是比拼应用场景的数字化能力。谁能够快速地在具体领域实现全环节高质量大数据提取，谁就最有可能在该领域的智能化浪潮中取得先机。

负责大数据提取的，就是物联网建设。

基于物联网的大数据采集，是当下产业变革的基石。

物联网的关键技术，除了5G，就是传感器，也就是在各种物体上感知动作、图像、速度、力度、温度、味道、形变等各种信息的终端芯片。

在当下的产业革命中，物联网传感器就好像人的末梢神经，5G就是人的传输神经，第四代人工智能就是中枢神经。传感器将万物的多维度特征通过5G输送给大脑——高速运转的人工智能，进行决策和控制。同时，人工智能还可以根据控制的反馈结果来进行深度学习，改进自己的决策模式，从而变得更"聪明"，并不断提高控制效率。

从物联网衍生出来的是产业技术概念非常庞杂，如大数据、数字孪生、虚拟现实等。物联网传感芯片将万事万物的状态转变成为数据信息，通过网络上传到服务器，然后由电脑进行分析。这个数据量非常庞大，早在2011年，人类刚刚步入4G时代的时候，81天内所产生的数据量，就已经超过人类几千年文明的所有信息数据总量。

在物联网时代，所产生的数据量将会是指数级增长，每两年翻一番。这些数据在人工智能完善以前，大部分很难发挥作用，因为人类没有时间和精力来对它们做详细的分析，发现其规律和意义。

在人工智能技术全面成熟后，大数据就可以帮助我们建立一个与现实世界对应的"孪生"数字化世界。在这个"孪生世界"中，一切都会遵照现实世界的规律运行，我们可以借此来预判现实世界的发展，进行不限次数和几乎无成本的实验。例如，我们可以在机器出现故障之前就发现隐患，提前维修或替换……现实世界造出来的汽车、飞机、火箭、宇宙飞船等，都可以在这个"世界"里进行测试，确保安全以后再进行实测，从而降低成本。这就是"数字孪生"技术。

人工智能通过对大数据的深度学习，可以发现很多人类目前的研究手段无法找到的联系。比如，人工智能在分析了大量 X 光片以后，可以计算一个人在未来一年猝死的概率，准确度高于人类的顶级专家。尤其是一些在人类专家看起来根本没问题，人工智能却发现其中存在问题的 X 光片。事后证明，人工智能的分析是正确的，但我们并不知道它到底是依据什么做出的判断。有了深度学习人工智能的帮助，人类只需要提供足够数量且正确的数据，很多难题就能得到解决，比如，通过对气候和地壳的数字孪生场景模拟，精确的天气预报和地震预测将不再是难题。

"5G＋第四代人工智能＋物联网"，构成了一个完善的新一代人类社会神经系统，智能化从感知到传输到决策的链条完全被打通了。目前，这三大枢纽型技术的关键难题都已经被突破，而且开始了产业化应用，这也意味着，我们讨论多年的智能化时代真的要来了。受制于第四代人工智能的技术局限，我们不应该把它想象得太科幻，但颠覆性的变革一定会在各个领域显示出来。在这个过程中，很多产业会被颠覆，很多人的工作也可能会被"颠覆"，如果无法跟上这股时代的潮流，个人可能会失去众多机遇，国家则可能失去一个时代。

例如，在教育行业，很多传统意义上的教师可能会失业——远程教育早已变成现实，山区或偏远地区的儿童也可以享受顶级名师教学。人工智能会把所有学生的学习情况进行分析，然后推荐给最适合他水平的老师进行远程教育，甚至这个老师也可能是人工智能模拟出来的虚拟人物——现在人工智能模拟人类的表情和发音已无技术性上的困难。

并且，人工智能还能监督学生在听老师讲课的时候有没有专心听讲，这个技术通过图像识别已经得到实践应用：一个班，一个摄像头，就能统计所有人在上课时有多长时间在开小差。然后，人工智能会根据每个人的学习水平布置不一样

### 人工智能、5G与物联网时代的中国产业革命

的作业，以确保难度和强度合适，还可以负责批改作业和一对一讲解习题。在未来，体育老师可能比语文、数学老师更多，因为对人工智能而言，体育教学的难度更大。

在广州，自动驾驶的出租车已经开始试运营；在美国波士顿，四条腿的、能翻跟头的机器狗已经开始取代警察进行日常巡逻；在北京和杭州，海底捞、五芳斋等企业的"智慧餐厅"开业了，从配菜到上菜的大量劳动力已经被机器人取代。

在华为和小米手机的生产线上，完全无人的"熄灯工厂"正在以每秒钟一部的速度生产着最新的手机，而且还是不同型号的手机混合生产，不需要跟传统流水线一样只能规模化而牺牲个性化。要看到，智能制造的前景并不是机器换人，而是机器人换机器——人工智能控制的机器人可以像人类一样，随时根据工艺、材料、设计的不同，变换工作方式，生产不同类型的产品，而不是像机器一样，只能重复一套固定的动作。

行业变革的新闻每天都在发生，科技进步的速度太快，本书中的案例注定是在它刚一出版的时候就落后了。未来还会有什么更新奇的东西？我们无法知道。但现在，我们最应该做的并非毫无边际地放飞想象力，畅谈人类命运，而是认真地思考"怎么办"。

# 02

# 走向世界前列
## 中国的枢纽型创新

对于5G、人工智能和物联网这种与人类生产生活各个方面都密切结合在一起的科技创新，我们将称之为"枢纽型创新"。

不同于某一特定机器设备的发明或者新产品、新材料的出现，枢纽型创新领域的突破，会带动整个产业体系出现一次全面而广泛的革新。

人类历史上影响重大的"枢纽型创新"有几次呢？第一次是瓦特发明蒸汽机，一级能源被广泛应用到工业和交通等领域，继而开启了工业革命，此后的内燃机也是在此基础上的改进；第二次是法拉第关于电力的改进，电力运用为人类搭建起来了一套新的能源体系，今天生产生活的方方面面都被它深深影响着；第三次则是大规模集成电路技术的发明，也就是芯片——它创造了信息产业并改变了工业生产的控制方式，几乎一切机器都会用到集成芯片，此后的互联网和移动互联网都是集成电路技术的继续。

当下时代引领变革的核心枢纽是人工智能，而5G和物联网则是支撑变革的基础。它也是人类历史上第一次主要由软件创新而非硬件创新所推动的产业革命。可以预料的是，人工智能将在5G和物联网技术的支持下，像电力和芯片一样渗透我们生产生活的方方面面。

第一次工业革命后，中国沦为了半殖民地社会；第二次工业革命后，中国在跌到谷底后奋发图强努力追赶，勉强在信息产业革命的前夜补上了前两次工业革命的"功课"。第三次工业革命后，中国奋起直追，直到今天，在信息产业上，进入了第一梯队的行列。在人工智能和5G革命爆发的前夕，中国终于处在一个比较有利的位置。

## 一、领先世界的 5G 技术和通信产业链

世界各地智库和机构发布的各种 5G 报告，虽然角度和方法各有不同，但几乎都认可中国的领先地位。由美国技术专家组成的国防创新委员会发布的《5G 生态系统：美国国防部的风险和机遇》中特别强调："中国在 5G 开发方面已然处于领先地位。"

截至 2019 年 3 月，中国厂商已申请 5G 的专利占全球的 34%，排名第一。第二名韩国 25%。美国和芬兰各占 14%、瑞典占近 8%、日本占 5%，加拿大、英国和意大利同样排名前十，但占比均低于 1%。

这些专利中，最关键的是 5G 的"标准必要专利"（standard essential patents，简称"标专"）。中国的华为拥有 1554 个 5G "标专"，芬兰的诺基亚、韩国的三星和 LG 紧随其后；另外一家中国公司中兴也拥有 1208 个 5G "标专"，排名第五。拥有 5G "标专"最多的美国公司是高通，排在第六位，有 846 项标准必要专利，相当于中兴的三分之二和华为的一半。此外，大唐电信所控股的中国电信科学研究院也拥有 352 项 5G 标准必要专利。

在 5G 技术国际标准方面，中国移动以 10 个标准项排在世界第一；华为排在第二名，有 8 项；瑞典的爱立信第三，6 项。美国标准立项最多的高通公司只有 5 项，排在第四。此外，中国还有中兴通信 2 项，中国联通有 1 项。根据美国的统计，中国总共有 21 个国际标准立项，居第一；欧洲 14 项；美国只有 9 个，居第三；日本 4 项，韩国 2 项。

在基础构架方面，中国企业也处于"领头羊"地位。2017 年，在杭州召开的国际移动通信标准组织专业会议上，正式确认 5G 核心网采用中国移动牵头并联合 26 家公司提出的 SBA 架构作为统一的基础架构——该架构由中国移动牵头联合全球 14 家运营商及华为等 12 家网络设备商提出。

从各个方面来看，中国在 5G 技术领域都居于世界第一的水平，而且与美国拉开了不小的差距。

从产业链的角度来看，中国更是遥遥领先，后边看不见对手。当前能提供 5G

## 人工智能、5G与物联网时代的中国产业革命

设备的制造商全球范围内只有华为、中兴、诺基亚和爱立信,没有一家美国公司。中国 5G 产业链的完整性得到了严格检验,华为大量出货 5G 基站,甚至还发布了 Mate20X 和 Mate40、Mate X 等多款 5G 手机,各项指标都处于世界领先地位。

有专业人士把这些手机拆了个底朝天,发现里面从芯片到通信基带,从屏幕到电池,绝大部分都是国产的。甚至在 Mate 30 中,已经不再有任何美国生产的零部件了——当然,这些零部件中仍然包含了大量来自美国的专利技术。

诺基亚和爱立信虽然是欧洲公司,但其设备组装制造基地却在中国。爱立信有 45% 的产品是在中国制造的,诺基亚的这一比重则为 10%。也就是说,从产品产地来看,全世界 5G 核心设备绝大部分都是在中国制造的。

离开中国的产业链支持,没有任何国家能以有市场竞争力的成本制造出 5G 核心设备。

中国庞大的电子信息产业链带来的成本优势无与伦比。在无线通信设备市场上,华为和中兴能压过老牌巨头爱立信、诺基亚绝不是无缘无故的。

美国电信咨询企业"侦查分析"(Recon Analytics)测算:华为、中兴两家公司的产品,要比其对手的报价低 30% ~ 50%。对此,路透社援引一位电信领域业内人士声称,这样的定价"不合常理",甚至用的是"不是基于市场"这样的措辞来形容。

但这还不是实际差异,更换设备还得考虑安装、调试、潜在的故障停运损失等。举个例子,美国科技网站"前沿"(The Verge)曾透露:俄勒冈东部电信花费 50 万美元购买华为设备,为 4000 名客户提供服务,若要替换同等级别的设备,所需费用可达 120 万 ~ 150 万美元。也就是说,诺基亚和爱立信的产品最终价格可能是华为、中兴的 2 ~ 3 倍之多。

然而,在价格高如此多的情况下,诺基亚和爱立信竟然还面临着大幅亏损的境况。诺基亚和爱立信在 2019 年 4 月公布了他们的季报,前者净亏损 4.98 亿美元,同比扩大 137%;后者勉强走出窘境,净利润约 2.51 亿美元,但 2018 年全年还是亏损的。相反,价格只有其一半甚至更低的华为和中兴的净利润额倒是不低——这就不仅是公司管理和技术水平的问题了,背后是整个中国电子信息产业

链和人力资源培养体系的强大支撑。

## 二、人工智能"总量第二、增量第一"

在本轮产业革命中最核心的技术——人工智能方面，中国目前尚未取得像 5G 这样稳固的优势地位，这是值得我们担忧和需要加倍努力的地方。

美国是人工智能技术的发源地，起步时间远远早于中国。早在 1956 年，美国学者就召开了人类历史上第一次人工智能学术研讨会，并在 20 世纪 60 年代掀起了第一次人工智能热潮，当时的中国还在大力发展煤炭钢铁产业，努力让自己的钢铁产量达到工业国家的水平。80 年代第二波人工智能浪潮爆发的时候，中国正在大力发展"三来一补"的简单外贸加工业，补足自己在轻工业方面的短板。2012 年，在机器深度学习算法得到关键性突破之时，国内对人工智能的关注度仍不算高。

人工智能引起我们高度重视，是受 2016 年 3 月谷歌公司的阿尔法狗战胜韩国围棋大师李世石事件的影响。

一直到 2017 年 3 月，国务院在政府工作报告中提出要深入实施《中国制造 2025》的要求以后，才把加快"新材料、人工智能（AI）、集成电路、生物制药、第五代移动通信"等技术研发和转化作为推动《中国制造 2025》的重要抓手。"人工智能"作为一个产业发展的重要专业术语才第一次出现在政府工作报告中。2017 年 7 月，国务院发布了《新一代人工智能发展规划》，比美国白宫发布的《国家人工智能研究和发展战略计划》晚了大约一年。

深度学习算法的关键突破是由加拿大多伦多大学实现的，人工智能热潮的兴起是由美国的谷歌推动的。中国未能像 5G 技术一样处于领跑者的位置，还是一个以"跟随者"身份进入第四代人工智能时代的。

不过，中国作为"跟跑者"，在钢铁产量世界第一、轻工业产品世界第一、手机电脑产量世界第一、5G 技术世界第一的情况下，一旦开始在人工智能领域加大资源投入，很快就会追上来，跻身世界第一梯队，成为与美国并列的两大人工智能强国之一。

## 人工智能、5G与物联网时代的中国产业革命

2019年1月,世界知识产权组织发布了首份人工智能专利报告。美国和日本在1950—2016年占据这一领域的主导地位,但最近10年中国的申请数量大幅增加,最近几年已经超过这两个传统强国。

在过去二十年的人工智能专利授权总量方面,美国是人工智能相关专利授权量最高的国家,占比为31.8%;其次是日本,占比23.4%;中国位列第三,占比22.2%。

但是在专利申请量方面,中国从2016年开始,连续三年占据全球人工智能专利申请量的一半以上,不仅超过了美国,还超过了包括美国在内的其他所有国家的总和,增长速度相当迅猛。

从历史统计来看,美国人工智能企业发展比中国早五年。美国的人工智能企业最早从1991年开始萌芽,2005年以后进入高速成长期,2013年以后发展势头趋于稳定。而中国第一家人工智能企业诞生于1996年,2003年进入高速发展期。在时间进程上,中国目前已经从大约落后美国五年缩短到落后两年,且差距还在持续缩小。

在人工智能专利申请的企业排名中,美国牢牢地占据着前三名。2018年,IBM在美国企业中处于领先地位,共有3000项人工智能专利;微软以1995项位居第二,谷歌为1659项,位居第三。百度在中国企业中位居首位,专利申请数量达到1522项,排名从第11位上升至第4位。中国国家电网公司排名第6,专利数量为1173项。腾讯也从第20上升至第8位,专利总数为766项。

不过,中国的增长速度快于美国。中国2018年共计申请3万项人工智能公开专利,大约较5年前增加10倍,达到美国的2.5倍。人工智能专利申请数量排名前20位的学术机构中,中国占了17个,在快速增长的"深度学习"领域尤其强大。

2019年全球人工智能初创企业排名,上榜的前100家人工智能创业公司中有77家都位于美国,23家在美国以外,其中位于中国的有6家,以色列有6家,英国有6家,其余位于加拿大、德国、瑞典、日本、印度的AI创业公司均为1家。从总量上看,美国遥遥领先。但是,在增长潜力上,中国仍然占优。2017年,全

球 AI 初创企业的融资额达到 152 亿美元，创出历史新高。其中，中国占比 48%（合计 73 亿美元），超过美国的 38%。

在人工智能技术的应用领域，中国目前有一项处于领先地位，就是图像识别。在图像识别方面，中国之所以能世界领先，是因为我们有全世界最独特而广阔的应用场景——安防领域的人脸识别。为了社会治安和国家安全，中国在各个领域广泛推动人脸识别，不管是坐飞机、火车、高铁，还是入住宾馆、进出校园，都需要人脸识别。而西方发达国家受民粹主义意识形态的限制，把这些安全需求跟人权隐私捆绑在一起，大规模的摄像头监控和人脸识别技术因此遭到歧视和非理性的排斥，使之无法广泛使用——这就相当于把人脸识别的应用市场拱手相让，中国企业可以在几乎没有竞争对手的地方大展拳脚。经过短短两三年的发展，我们就走到了世界前列。

现在，不仅是人脸识别，还发展出来了猪脸识别、猫脸识别，等等，我国图像识别技术傲视全球。图像识别也成了第四代人工智能技术第一个实现大规模产业化的应用技术领域。

总体来看，在人工智能领域，美国第一、中国第二。美国因其长期深厚的历史积淀而在总量上领先，但是中国追赶速度相当快，在增量上已经位居世界第一，且率先实现了大规模产业化应用。

### 三、物联网：局部优势与巨大短板并存

1. 场景应用领先世界

我国的物联网技术相对于 5G 技术而言，还没有取得世界领先地位。

中国在物联网方面领先的主要是一些实际应用场景而非核心技术领域。

思科公司全球战略创新事业部副总裁克朗斯在 2018 年发表了一篇关于物联网的文章，主题就是：学习中国。

这篇文章以作者的亲身经历开篇：

25 年前，我第一次访问北京时，街道和人行道上遍布人群、自行车和卡车。最近，我刚第 14 次访问回来，虽然交通繁忙的景象仍然存在，却有一

## 人工智能、5G与物联网时代的中国产业革命

个实际的区别——如今，嵌入物联网（IoT）技术的智能自行车、公共汽车和火车队正在使城市交通变得更加智能化，更加便捷和高效。

在许多方面，智能出行传达了中国物联网转型的精髓：它以中国传统为基础，以新奇和意想不到的方式整合先进技术。中国已不再是一个技术模仿者——它已经成长为一名技术创新者，并巩固了其作为物联网领导者的地位，这让我十分震惊。

……

我亲眼看到物联网的发展如何渗透几乎所有的业务部门和公共系统，不仅包括制造业和工业部门，还包括交通运输、城市服务（包括减少污染）、医疗保健、零售、农业，等等。

在北京，我使用了一家在2016年收购优步中国公司的滴滴出行软件。当我点击滴滴的应用程序时，它自动翻译了我和位置最近的司机之间的问题和答案——司机在30秒内找到了我。

思科副总裁列举的这些方面——工业、交通、城市运营、医疗保健、零售、农业等方面，中国确实已经有相当多物联网应用案例。这和中国过去五年掀起的"互联网+"创新浪潮有密切关系。物联网，归根结底就是互联网的一种形式。用饿了么APP点外卖，是用网络把人（吃饭的人和做饭的人）联系起来，这是"人联网"；在自行车上安装感知芯片，可以用手机开启和付费，这就是"物联网"。

在应用场景创新方面，中国因为有庞大的通信、物流、交通、金融等基础设施网络，又有全世界数量最庞大的城市中产阶级消费群体，在这方面走到世界前列是必然的。

2. 传感芯片严重依赖进口

物联网的核心技术之一是传感器。在这方面，中国存在着重大短板。

目前我国高端传感器60%依靠进口，传感器芯片80%依赖进口。

物联网传感器涉及的技术种类很多又都很复杂。目前全球传感器包括力学传感、温/湿度传感、速度传感、位移传感、流量传感、光学传感、电量传感、声学量传感、气体传感、生理传感、视觉/图像传感等，细分起来多达2.6万余种，

随着技术创新，新的品种和类型还在不断出现。在这个领域落后，基本不大可能在三五年内追赶上来。

经过几十年的努力，中国传感器制造行业取得长足进步，但与发达国家相比仍存在明显差距。从全球市场看，美国、日本、德国占据全球传感器市场近七成份额——美国占了29%，德国占了19%，日本占了21%。而中国仅占10%左右。

在国内已有的1700多家企业、大专院校、科研机构中，都在不同程度地研发、小批量生产制造传感器产品。但是非专业型、非主流产品的企业比例较高，产值相对较低。物联网龙头企业缺乏，国内与物联网有关的30余家上市公司也只是业务关联，且业务收入只占营业额的一小部分。产值过亿的传感器企业仅占总数的5%，产品种类齐全的专业厂家不足3%。与国外相比，在产品品质、工艺水平、生产装备、企业规模、市场占有率和综合竞争能力等方面都存在较大差距。

传感器产业中，与国际差距最大的领域，又体现在核心技术最为密集的新品研制方面，落后世界先进水平近10年。工业物联网中最重要的微机电系统传感器（MEMS）更是大部分依赖进口。这对我们的物联网、大数据、云计算、"互联网+"、智慧城市，乃至军工与武器装备水平的整体发展与提高都产生了严重的制约和影响。

3. 物联网的核心技术：微机电技术

现代物联网传感器的核心技术是微机电技术，英文简称是MEMS（Micro-Electro-Mechanical System）。这个技术跟集成电路是一个原理——集成电路是把各种电路变得极其微小、集成到一个电路板上，做成芯片，一块芯片上几十亿条电路；微机电技术就是把电路和机械装置，都变得极其微小，集成到一小块器件上。它跟集成电路相比，不仅有电路，还有力学机械装置。受这个影响，它能达到的工艺极限不如芯片，比如芯片已经能把电路做到7纳米，但微机电的工艺制程还在28纳米。但总体来说，考虑到部件的复杂性，微机电系统的加工技术至少跟芯片一样，属于最顶尖的制造工艺。一个微机电部件的大小一般介于1微米～1

毫米，而一根头发的直径是 50 微米。

今天，我们知道的大部分电子产品，内部的核心部件一般都是"芯片 + 微机电"。

其中，最典型的是智能手机。微处理器，也就是手机芯片，是核心，负责处理各种数据。剩下的就是各种微机电部件。一部高端智能手机至少包含一个多轴陀螺仪和加速度传感器，用来感知手机的旋转和运动状态；一个电子罗盘传感器，用来分清东南西北，帮助导航方向；一个大气压力器，用来测量海拔；一个指纹传感器和一个距离传感器，打电话的时候用来自动熄屏；一个环境光传感器，用来确定屏幕亮度，还有微机电麦克风用来录音等。此外，手机最重要的天线和 GPS 导航部件，也都是微机电技术的产物。

在微机电技术应用之前，这些传感器的体积都比一台智能手机要大。但在应用了微机电技术以后，就可以变成几个毫米甚至更小的部件，被密集地放置于智能手机中。现在，随着技术的进步，很多微机电部件已经可以加工到纳米级，也就被称之为"纳米机电系统（NEMS）"。原来的多个微机电传感器也可以合并成为一个微机电系统。比如，美国的 ADI 公司就实现了把三轴陀螺仪、加速度计、磁力计、压力传感器等十个微机电系统放到同一个惯性传感器当中。

芯片加工主要就是硅和导电的离子，而微机电加工的材料要多得多。可以说，传统机械电气设备制造需要多少种材料，微机电制造就需要多少材料，而且对材料的纯度精度要求更高。硅是基础，还有各种导电不导电的原材料，构成一个丰富的机械电子系统，涉及电子、机械、材料、制造、自动控制、物理、化学等多种学科，集成了这些科学技术发展的诸多尖端成果。芯片加工是大规模批量化的，大部分芯片的加工流程都大同小异，只是工艺精度的差异。而微机电系统的加工，则具有定制化的特点，不同的传感器的功能结构和材料都不一样，单个批次的加工数量比芯片要少得多，不同的微机电系统的加工工艺和流程差异也很大。因此，我们要追赶发达国家在这方面的技术积累，难度甚至可能比芯片加工更大。

当前，世界排名靠前的微机电厂商包括：美国博通、德国博世、瑞士意法半导体、美国德州仪器、美国 Qorvo、美国霍尼韦尔、美国楼氏电子、荷兰恩智浦、瑞士泰科电子、日本东芝、松下、欧姆龙、美国派克、德国英飞凌、德国第一传感、日本村田、TDK、AKM，等等。此外，美国高通掌握了大量的微机电技术专利，虽然不是制造商，但实际也是全球微机电技术的龙头企业。

这些企业排名每年都在变动，并不一定精确，但大体跟本书前面的"传感器市场占有率"相对应，美国最多最强，德国、日本次之，随后还有瑞士和荷兰的几家企业。中国是全球微机电产品最大和增长速度最快的市场，但截至2020年还没有能进入前十的微机电企业。能进入前三十的有两家，歌尔股份和瑞声科技，他们的主业都是做微机电麦克风的，属于微机电传感器中比较低端的产品。

微机电产品包括的领域特别多，很难一一去讲。仅举一个比较有代表性的领域——滤波器。

滤波器是手机的核心部件之一。它的作用就是过滤各种频率的声波电波，保证手机通信正常。现代社会中，各种通信电波满天飞，仅一个手机就要连接WiFi、蓝牙、NFC、4G、5G等多种电波。这些声波电波必须要进行识别和过滤，才能保证通信正常，这就是滤波器要完成的工作。各种电波都要先经过滤波器的识别和过滤，才能分配到不同的通信部件上去，上传或下载信息。我们在打电话时，偶尔会有断线或者声音不清晰等情况出现，很多情况下就跟滤波器的作用发挥失常有关系。

主流的滤波器有两种：一种是声表面波滤波器（SAW），一种是体声波滤波器（BAW），都需要高精度的微机电技术工艺才能做出来。

前一种声表面波技术发展比较成熟。它最先是美国研究出来的，然后扩散到日本。中国的高世代滤波器长期依赖进口，一度被国家发展改革委员会和工信部联合认定为影响国家安全的器件。中国在2008年开始立项研究"高世代声表面波材料与滤波器产业化技术"，由清华大学、中国电子科技集团第26研究所、无锡好达电子有限公司、深圳麦捷电子科技股份有限公司、深圳大学联合开展研究，经过大学、军方和企业界持续五六年的科技攻关，已经基本掌握声表面波滤波器的核心技术。目前好达电子和麦捷电子等中国企业已经可以实现滤波器的产业化

人工智能、5G与物联网时代的中国产业革命

生产。

形势真正比较严峻的是更高端的体声波滤波器领域。声表面波滤波器主要适用于 2 赫兹以下的电波，目前最高只能到 2.4 赫兹。一般来说，电波的频率越高，单位时间内传输的信息量就越大。而从 2G 到 5G，通信所用的电波频率越来越高。5G 的波段频率绝大部分都在 2.6 赫兹以上，声表面波滤波器此时就显得有点无能为力，只能用体声波滤波器。

体声波滤波器最高可以解析 20 赫兹的声波，不仅能支持 5G，即使是将来的 6G 也可以用，而且它还具有对温度变化不敏感、信号损耗小等优点。目前，体声波滤波器的核心技术主要掌握在美国的高通、博通、德州仪器等公司手中，这几家美国公司基本垄断了全球体声波滤波器的市场。

中国在声表面波滤波器方面虽然打破了国外垄断，但市场份额还比较小。而在体声波滤波器技术方面，2019 年之前基本上还处在一片空白。2020 年，我国已实现体声波滤波器的技术突破，但技术水平仍然落后于西方发达国家。

尽管在滤波器领域的进步速度很快，但从整个国家的产业链条发展来看，基于微机电技术的滤波器等高端元器件仍然是我国产业结构的重大短板，需要政府和企业界继续集中资源发展和突破。

微机电技术是在传感器领域发展起来的，现代高端传感器大部分都是微机电系统。但它的应用并不仅限于传感器领域。在新一代产业革命中，一切机械设备都可能会被"微机电化"，并会给传统行业带来革命性变革。比如，在化工领域，微化工已经成了新的趋势，许多精细化工材料的研发和产品生产，传统机械化已无法胜任，只有采用微机电技术的微化工装置才能实现。

人类有望借助电子信息产业革命推动一次新的材料技术革命。微机电技术的核心还是硅的加工工艺改进，它是对传统机械化工行业的一次颠覆，是电子信息产业革命深入传统工业领域的结果。很多积累百年的所谓高端精密加工、精密化工技术，在微机电技术面前可能都会面临"降维打击"——传统机械化工工艺再精密，也很难达到微米级。

而微机电技术不仅可以达到微米级，甚至还能达到纳米级、分子级。微机电

技术需要把极致的硅加工工艺和高精度的模拟设计软件结合起来（见后文"工业软件生态"一节），从另外一条技术路径去重新定义机械和化工产业。

我国微机电技术领域与世界先进水平差距较大，如果不能及时弥补，随时可能会产生链式反应，连带着加大我们在新材料、生物医药等方面与发达国家的差距。对于这种跨产业的核心技术贯通带来的产业革命趋势，我们不可不察。

### 四、后台核心技术：芯片与超级计算的竞争

1. 芯片与人工智能芯片

芯片是三大枢纽型创新都必不可少的核心硬件。其对应关系如图1所示。

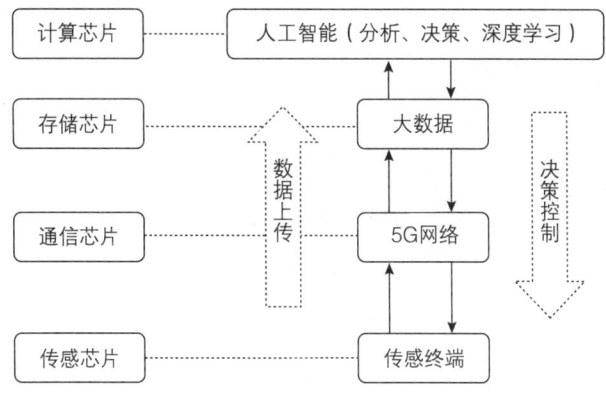

图1 芯片的对应关系

（1）通用计算芯片的产业链革命

芯片是人工智能存在的基础载体。众所周知最重要的计算芯片就是CPU（中央处理器）。在个人电脑时代，美国一直处于垄断地位，全世界的电脑CPU几乎都是美国的英特尔和AMD公司生产的，这一垄断地位至今仍不可动摇。不过，这种垄断地位已经变得岌岌可危。

美国在计算机芯片方面垄断的终结，从产业的视角来看是一个很有意思的案例。

## 人工智能、5G与物联网时代的中国产业革命

芯片生产有两种模式：独家生产和产业链协作。英特尔和2019年之前的AMD都是独家生产模式，这也是美国垄断时代芯片产业的唯一生产模式。在公司管理、技术研发、市场运营等方面，英特尔几乎已经做到极致，没有任何公司可以与之匹敌，其垄断地位看起来很难打破。

最终成功挑战英特尔的，不是一家企业，而是一种新的生产方式。

芯片的产业链条，从大的方面说，可以分为3个环节：研发设计—生产制造—封装测试。它还有两个关键性的上游产业：以硅晶圆为代表的核心原材料生产和以光刻机为代表的核心装备制造。三大环节如图2所示。

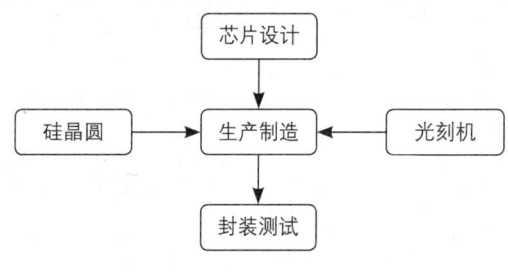

图2 三大环节示意图

其中，能把"研发设计—生产制造—封装测试"这个链条在一家企业内部做完的，称之为独家生产模式。产业链协作模式，就是将这三个链条分开，由不同的专业企业来完成。

芯片又叫集成电路，就是把计算机所需要的计算电路压缩到一个极其微小的电路板上。1942年在美国诞生的第一台电子计算机，它是一个占地150平方米、重达30吨的庞然大物，里面的电路使用了17468只电子管、7200只电阻、10000只电容、50万条线。要把这些东西集成到指甲盖那么大的一个硅片上，难度之大难以想象。更何况，今天的集成电路需要集成的已经不再是几千几万条电路了。

华为2019年9月发布的麒麟990芯片，晶体管数量超过100亿个，是当时人类历史上单位面积集成晶体管数量最多的量产芯片。苹果公司最新的M1芯片上，已经集成了150亿个晶体管电路。而芯片巨头英伟达2020年发布的旗舰显示芯片

RT×3090 的晶体管规模已经达到 280 亿个。

这些电路在芯片上密密麻麻地分布着，还分为很多层，就好像一个复杂的大楼中间的各种电路和管道一样，它们该如何布局走线，需要首先根据需求被设计出来。要设计出几十亿条电路，分成很多层，并且互相不干扰还能配合计算，难度非常大。但难度更大的是生产制造，这些电路极其细小，肉眼根本无法看见。目前，用在手机上的主流集成电路宽度是 7 纳米宽。2019 年 7 月，世界上最大的芯片加工企业台积电宣布，公司已经突破 3 纳米工艺——也就是可以把每个电路的宽度压缩到 3 纳米（1 纳米是 1 毫米的百万分之一）。

生产制造的办法不是把电线粘到芯片上去，也不是用刀在上边刻出来。而是用"光刻"。光刻的工艺流程是：在硅片表面覆盖一层光刻胶，然后，用光线（一般是紫外光、深紫外光、极紫外光）透过设计好的电路掩模，一丝一丝地照射在光刻胶上边。被光线照射到的光刻胶会发生变化，没有被照到的则会保持完好。再用刻蚀溶剂去洗光刻胶，被光照过的部分，溶剂就会透过光刻胶腐蚀到硅片；没有被照到的部分，光刻胶就会保护硅片，令其保持完好。

最后，在被腐蚀出来的线路中，注入导电的离子，就形成了芯片上的电路。

其中，最关键的技术有两个。

一是纯度极高的硅晶圆。因为电路特别细小，硅晶圆上面的任何细微杂质都会影响它的导电性能。太阳能电池板中也需要用到硅晶圆，纯度要求是 99.9999%，也就是杂质不能超过硅元素的万分之一。而芯片制造所需要的硅晶圆纯度要求更高，还要在小数点后边再增加五个 9，也就是 99.999999999%，即杂质不能超过十亿分之一。

电子级高纯度硅晶圆的制造主要掌握在日本、德国、韩国的极少数企业手中。经过几十年的技术追赶，在 2018 年，江苏鑫华半导体材料科技有限公司已经成功量产纯度要求达到 99.999999999% 的电子级多晶硅，在经过一系列严格验证、检测之后，不但能供应国内市场，还出口到韩国。自此，我国打破了长期以来国外高纯度材料的技术垄断，但该公司的目前产量只能满足国内需求量的三十分之一左右。

## 人工智能、5G与物联网时代的中国产业革命

芯片生产的第二个关键是光刻机，也就是用光线和光刻胶在硅片上刻线的机器。

高端光刻机是人类工业成就的巅峰，在指甲盖大小的硅片上刻出来几十亿条电路，而且还要拥有极高的可靠度，几乎二十四小时连续不断地工作，每天刻几万片，连续工作几十年。这几乎无法想象。其技术极为复杂，需要最尖端的机械、材料、化学、光学等技术支持。

高端光刻机的制造技术，目前几乎被荷兰的阿斯麦（ASML）公司所垄断。阿斯麦公司是飞利浦公司的技术人员出来创办的，飞利浦对其有投资也有技术支持。飞利浦是诞生于1891年第二次工业革命期间的国际机械和电器巨头。而阿斯麦的光学技术则源于德国蔡司公司的支持——这是一家诞生于1846年的公司，专业从事光学镜片的生产研究。在最新一代的极紫外光刻技术专利中，阿斯麦排第二，排第一的就是蔡司公司。

光刻机所需的光刻胶生产技术也只有少数顶级化工企业掌握。超过80%的市场份额掌握在日本住友、TOK、美国陶氏等公司手中。而光刻的软件控制系统和光源技术，则由美国公司垄断。目前，中国在顶级光刻机的关键零部件和核心软件领域，还没有自己的一席之地，这也是我国产业安全的一大关键薄弱环节。

芯片生产的关键设备还有一个蚀刻机，用来在硅片和光刻胶被光刻以后，对光刻胶和硅片进行溶蚀，把电路刻出来。中国已经掌握高端蚀刻机的制造技术，三星、台积电等顶级芯片加工企业都在用中国生产的蚀刻机。但其重要性和技术难度不如光刻机。

将以上这些材料、设备和技术整合起来，就可以根据设计方案制造芯片了。

完成制造环节以后，芯片生产就会进入最后的封装测试环节。

由于芯片集成度极高，单位面积上的电路数量极多，光刻技术虽然厉害，也难免会出现失误，并不能保证每一条设计好的电路都能好好地刻上去——刻出来十几亿甚至几十亿条电路，其中总有一些是坏的。所以，在最后封装的时候，必须要逐一进行测试。测试其性能能达到设计的百分之多少。根据测试结果确定其具体型号，性能好的就是高端型号，差一点的就是中低端型号。所以，芯片生产

中的封装测试环节，技术含量比普通产品的质检技术含量要高很多，在产业价值链上的重要性也高很多。

1987年之前，全世界半导体企业都是一样的商业模式：英特尔等巨头自己设计芯片，在自有的工厂生产，并且自己完成芯片测试与封装。1987年，在美国德州仪器担任副总裁的张忠谋回到老家中国台湾，创办了台湾积体电路制造股份有限公司（台积电），开创了芯片代工模式。他的设想是："我的公司不生产自己的产品，只为半导体设计公司制造产品。"这在当时不可想象，因为那时还没有独立的半导体设计公司。但张忠谋相信，芯片制造其实跟其他工业品制造一样，可以实现产业链分解和转移，尤其是生产制造和产品设计可以分开，而且这种专业化分工比独家生产更有效率。

做出创业决定的时候，张忠谋已经56岁了。20年后的2007年，台积电的净利润接近800亿元人民币，其市值高达2200亿美元，超过英特尔成为全球最大的半导体公司。专业化对提升制造能力确实有效，在台积电率先突破7纳米制程的时候，英特尔还只能生产12纳米芯片。

有了台积电这种专业的芯片制造企业作为支持，芯片设计作为一个专门的产业才发展起来。今天，产业链协作模式已经成了主流。英特尔的老对手AMD也把自身的制造环节独立出来成立了格罗方德公司，专门做芯片代工，自己则专注于研发设计，而且最先进的制程也委托台积电代工，并不委托给格罗方德。目前，连英特尔自己也开始为一些小型的芯片设计企业做代工。

代工模式兴起以后，芯片产业链就彻底分散了——世界各国的企业都可以根据自己的需求设计芯片，然后找代工厂代工。尽管要把芯片设计好，对技术实力的要求也非常高，但总比全链条打通要容易得多。所以，产业链协作模式，有利于芯片产业的多元化发展，满足客户的个性化定制化需求。

总的来说，美国在芯片领域的垄断地位，不是被新技术而是被一种新的产业模式打破。当前，美国在芯片领域仍旧位于世界前列，但垄断地位已不复存在。

中国自己的芯片代工制造也在快速进步。目前领军的代工企业是位于上海张江的中芯国际。2018年的时候，中芯国际已能够代工生产28纳米的芯片；2019

年上半年宣布14纳米也已经量产，12纳米的技术开始进入客户导入阶段。

代工领域的第二名是上海华虹集团，1996年成立，是专门承担国家芯片发展战略的企业，到2018年底，已经实现了28纳米量产。此外，三星、格罗方德、德州仪器等知名厂商也纷纷在中国投资建设芯片代工厂，一个庞大的硅晶圆代工技术集群区正在中国逐步形成。

（2）人工智能芯片的后发优势

人工智能芯片是一种特殊用途的芯片，从产业链来看通用芯片没有很大区别，只是设计方案不同，专门针对人工智能的深度学习算法，尤其是对神经网络算法进行了优化，属于一种特殊用途芯片。

大家熟知的通用芯片是CPU，而最熟知的特殊用途芯片则是显卡（GPU，图形处理器）。我们在用电脑、手机时，图形处理是计算资源消耗的大头。为此，专门设计一种针对图片和视频解码的芯片就显得格外重要。这种芯片一般在运算上速度不如CPU，但在图片处理方面则相当快。

人工智能芯片本身并不"智能"，没有仿生神经元之类的"黑科技"，还只是传统的集成电路，主要是电路设计模式让它在运行"神经网络算法"等人工智能算法方面速度特别快而已。总的来说，它是为了提升机器深度学习而开发的一种专用芯片。业界很多人将其称之为NPU（嵌入式神经网络处理器），尤其擅长很多不同种类数据的并行计算。

传统CPU是串行计算构架，大量的空间被控制器所占用，用来保证计算机程序可以一条一条地被解读和执行，真正用于纯粹数据计算的空间很小。而第四代人工智能的深度学习算法，需要执行的程序不多，主要是直接对大数据进行学习。传统CPU的串行构架必然效率低下。目前，深度学习芯片的发展基本上抛弃了传统CPU构架，选择了不同的技术路径。总体来看，主要有三条发展道路。

第一条道路，是直接对GPU进行改进，然后用于深度学习。GPU由于专业进行图形处理，不需要执行很多程序，因此从一开始就选择适合大数据处理的并行结构。在构架上天然有利于对大数据进行深度学习。美国显卡巨头英伟达在其高端显卡在设计的时候，就非常强调其深度学习能力而非图形处理能力。由于技术成熟且有英伟达这样的巨头支持，目前 GPU 已经成了深度学习的主流芯片。

第二条道路，是针对深度学习的半定制化芯片。也就是在硬件设计上，就集中于某一些大类的深度学习算法进行设计，然后配合深度学习程序进行大数据学习。它比 GPU 更专业高效，但对软件编程的能力要求较高。

第三条道路，是全定制化芯片，专门针对某一种具体的深度学习算法设计。它的效率和可靠性更高，但适用范围更狭窄、成本也更高。新兴的人工智能企业，包括美国的谷歌公司、中国的寒武纪等，大部分都选择了第三条道路，在深度学习芯片中的市场份额也逐年递增，是最有发展前景的方向。

由于第四代人工智能刚刚兴起，对应的专用芯片对世界各国而言都还是处在同一起跑线，相对于 CPU/GPU，巨头垄断的格局尚未形成，中国企业在人工智能芯片方面将大有可为。

目前，国内 AI 芯片的发展目前呈现出百花齐放、百家争鸣的态势，AI 芯片的应用领域也遍布股票交易、金融、商品推荐、安防、早教机器人以及无人驾驶等众多领域，催生了大量的人工智能芯片创业公司，如地平线、深鉴科技、中科寒武纪等。但这些公司规模都还较小，中国芯片产业想要利用人工智能的机遇实现弯道追赶尚需时日。

（3）存储芯片的大国之争

在各种主流芯片中，存储芯片是技术含量相对较低的一种。技术含量较低就意味着：后发国家相对容易掌握核心技术，同时，人力、土地、材料等成本对企业的竞争力影响会更大。因此，它也是从芯片产业中心美国最早开始往国外转移的产业。

现代信息存储技术是由华人发明的。1949 年，在哈佛大学计算机实验室工作的王安博士（江苏昆山人，上海交通大学毕业）研制出了磁芯存储器，并于 1949 年 10 月申请了专利。在这之前，IBM 推出过一款打孔存储器——在卡纸上打孔来记录信息，属于信息时代以前的技术。

1951 年，王安离开哈佛大学，以仅有的 600 美元，创办了王安电脑公司。1956 年，他将磁芯存储器的专利权卖给 IBM，获利 50 万美元。他将这 50 万美元

## 人工智能、5G与物联网时代的中国产业革命

全部用于研究工作。1964年,王安公司推出最新的用电晶体制造的桌上电脑,取得了巨大的成功。至1986年前后,王安公司达到了它的鼎盛时期,年收入达30亿美元,在美国《财富》杂志所排列的500家大企业中名列146位,在世界各地雇用了3.15万员工。而王安本人也以20亿美元的个人财富跻身美国十大富豪之列。

IBM购买了王安的磁芯存储器专利之后,推出了磁芯存储器产品,大受欢迎。直至20世纪70年代初,世界90%以上的电脑,都还在采用磁芯存储器。1966年,IBM在磁芯存储的基础上研发出了晶体管DRAM内存,这就是现在仍在使用的内存条。英特尔公司就是从做存储芯片起家的。1965年,英特尔的创始人摩尔提出,"当价格不变时,集成电路上可容纳的晶体管数量,约每隔18个月便会增加一倍,性能也将提升一倍",这就是著名的"摩尔定律"。但这句话当时说的是存储芯片,还不是计算芯片CPU。1974年的时候,英特尔已经在存储芯片领域占据了全球74%的市场份额。

不过,到了20世纪70年代中后期,从事存储芯片制造的美国企业就开始出现竞争力下降的情况,日本企业在这方面开始占据上风。

日本的胜利跟其国家产业政策密不可分。

在20世纪70年代,尽管日本可以生产DRAM存储芯片,但是最关键的制程设备和生产原料要从美国进口。为了补足短板,1976年3月,经通产省、自民党、大藏省多次协商,日本政府启动了"DRAM制法革新"国家项目。由日本政府出资320亿日元,日立、富士通、三菱、东芝、NEC五大企业联合筹资400亿日元。总计投入720亿日元为基金,由日本电子综合研究所和计算机综合研究所牵头,设立VLSI联合研发体。

在这个技术攻关体系中,日立(HITACHI)公司负责电子束扫描装置与微缩投影紫外线曝光装置;富士通公司负责研制可变尺寸矩形电子束扫描装置;东芝公司负责EB扫描装置与制版复印装置。电子综合研究所负责对硅晶体材料进行研究。三菱则负责开发制程技术与投影曝光装置。NEC公司负责进行产品封装设计、测试、评估研究。

在产业化方面，日本政府为半导体企业，提供了高达 16 亿美元的巨额资金，包括税赋减免、低息贷款等资金扶持政策，帮助日本企业打造 DRAM 集成电路产业群。到 1978 年，富士通公司研制成功 64K DRAM 大规模集成电路，达到了美国同期的技术水准。这一年，日本 64K DRAM 存储器开始进入国际市场，出口迅速增加。

针对难度大的高风险研究课题，VLSI 项目采用多个实验室群起围攻的方式，调动各单位进行良性竞争。各企业的技术整合，保证了 DRAM 量产成功率，奠定了日本在存储市场的优势。

1980 年，日本宣告为期四年的"VLSI"项目完成，其间申请的实用新型专利和商业专利，达到 1210 件和 347 件。这一年，日本的存储芯片只占全球销量的 30%，美国公司占到 60%。但到了 1985 年局势就完全倒转了。原本价格虚高的内存模块，价格暴降了 90%。一颗两年前还卖 100 美元的 64K DRAM 存储芯片，现在只要 5 美元就能买到了，日本厂商还能赚钱。

由于日本廉价存储芯片大量倾销，美国的存储芯片企业镁光被迫裁员一半，1400 名工人失业。从 1985 年至 1986 年，英特尔连续亏损六个季度，市场份额暴跌到仅剩 1%。当时，英特尔的年销售额为 15 亿美元，亏损总额却高达 2.6 亿美元，关闭了 7 座工厂，并裁减员工。濒临破产的英特尔，被迫选择全面退出存储芯片市场，转型发展计算芯片，由此获得新生，成了一代 CPU 巨头。

螳螂捕蝉，黄雀在后。日本企业跟美国企业血拼存储芯片的时候，韩国的三星看准了机会开始进入这个市场。

三星公司由李秉喆创立于 1938 年，最开始只是做泡菜和鱼干的生意，到 1969 年涉足电子产业，也只是做黑白电视机。看到半导体发展起来，李秉喆觉得是个机会，但技术要求太高，垄断在美日手中，公司内部反对涉足半导体的声音很大。这时候他的儿子李健熙从美国留学回来，李秉喆就给了他一笔钱，让他去试试。1974 年，李健熙买下韩国半导体公司，进军内存，但投入太大，技术要求太高，折腾了好多次，亏得惨不忍睹。

关键时刻，美国人抛来了橄榄枝。他们竞争不过日本人，就开始扶植韩国企业起来跟日本对着干。三星从美国企业手里买到了很多制造存储芯片的技术和设备，开始迅速发展壮大起来。美国资本也大量进入三星公司，双方结成利益同盟。

当年日本除了半导体，在汽车、机械等领域也对美国形成碾压之势。美国本来是扶持日本对抗苏联和中国的，结果发现日本竟然对本国经济构成威胁，于是连续动用政治手段打压日本经济。日本是被美国驻军的国家，对美国霸权没有抵抗能力。在1985年9月，被逼着签订了《广场协议》，同意让日元兑美元大幅度升值。此后三年，日元对美元升值了一倍，意味着同样日元定价的商品，在国际上价格就要涨一倍，这就大大降低日本制造产品的竞争力。同一年，美国政府联合半导体行业协会对日本发起301条款起诉。1986年9月，日本迫于压力，与美国签署了《半导体条约》，停止所谓的"倾销"，日本半导体产品在美国的售价不能低于市场平均价格，并强制性地为美国半导体企业"预留"日本20%的市场份额，由此换得美国放弃301起诉。而美国仍不满意，1987年3月，再度借口日本未遵守承诺，对日本半导体产品实施进口限制，征收3亿美元的惩罚性关税，连续征收了四年。

与此同时，美国开始照搬日本的研发模式——政府牵头，由14家厂商组成"美国半导体制造技术战略联盟"，集中补足半导体技术短板。

为应对日本挑战，美国产业界也积极推动产业升级，在存储芯片之外，计算芯片大大发展了起来。到了1992年，美国本土公司重新夺回了半导体行业的全球市场。做存储芯片的美光也没破产，活了下来。

鹬蚌相争，渔翁得利。三星公司一边从美国购买技术，一边享受日元升值带来的好处，存储芯片事业发展一片大好。李秉喆也被证明是一个商业奇才，能够深刻洞察存储芯片的产业特征，那就是：规模效应极强，谁拥有最大的产能，谁就占据优势。存储芯片技术上比计算芯片简单，种类上比传感芯片少，生产线投资量巨大，适合大规模批量生产。他就坚持大投入，在存储芯片价格跌破成本以后仍然持续扩张产能，还利用这个机会收购别的竞争对手产能。韩国政府、财团以及美国资本都在背后为三星提供资金支持，这让三星在价格战中熬了过来，日本方面的竞争对手纷纷放弃存储芯片生产。

到 1992 年，三星成了全球最大的存储芯片生产商。韩国还有一家海力士也做存储芯片发展了起来。

日本的日立、NEC、三菱将存储芯片业务剥离了出来，联合成立"尔必达"公司，以此抗衡三星，在九十年代的第一轮三星冲击中勉强站稳了脚跟，没有被击垮。但到 2008 年，金融危机爆发，内存价格持续暴跌，最高时从 2.25 美元跌到 0.3 美元，所有内存厂都在亏损，三星又来了个猛的，加大投资，扩大产能，继续让内存价格暴跌，最后所有的内存厂都亏不起了。德国巨头奇梦达倒了，日本尔必达也于 2012 年被美光收购。东芝的内存业务也一蹶不振，在 2017 年被卖掉。

这样，日本的半导体产业就在美国和韩国的夹攻下基本被摧毁。三星、海力士、美光三大巨头占据了全球存储芯片市场百分之九十以上的份额，其中三星一家就占了 70%。

日本对这场半导体大战的不满是可想而知的，尤其是对韩国。日本文化崇拜强权，美国人来丢过原子弹还长期驻军，被美国企业打败他不敢不服。但韩国曾经是日本的殖民地，在产业链条上长期处于日本的下游。这一次韩国跟美国联手打垮日本的半导体，日本一直在找机会报复。

等到 2019 年，东芝卖掉其内存业务之后两年，日本借口韩国在二战劳工赔偿问题上的一些做法，对韩国发动贸易战：限制半导体关键材料的对韩出口，试图打垮韩国的半导体产业。

从 1976 年日本组建研发联合体开始，这场围绕存储芯片展开的发达国家产业争夺战，已经持续了四十多年，仍然没有看到尽头。

存储芯片美日韩三国混战的故事表明，这种战略性产业，并不存在纯粹的市场自由竞争。韩国政府在三星和海力士扩张过程中，也提供了大量的资金、政策支持，才让它们从亏本抢份额的惨烈战争中生存了下来。存储芯片几十年的产业大转移，是产业规律、企业家和国家力量综合影响的结果。

中国作为全世界电子产品最大生产国，同时也是最大的芯片进口国，每年进

### 人工智能、5G与物联网时代的中国产业革命

口两千多亿美元的芯片,其中最大的进口来源地是美国;第二是韩国,超过700亿,其中存储芯片占了很大部分。不管从国家经济安全还是从市场利益的角度来看,都必须要进入存储芯片领域。

2014年6月,中国颁布《集成电路产业发展推进纲要》,提出设立国家集成电路产业基金(简称"大基金"),将半导体产业新技术研发提升至国家战略高度。大基金一期募集了1387亿,已经全部投了出去。二期2019年开始募集,规模可能超过2000亿。

除了中央的大基金以外,各地也纷纷跟进组建本地支持芯片产业发展的基金。目前,已经成立或宣布设立的地方集成电路产业发展基金的目标规模合计已达3000亿元。其中显然会有很大部分投入到在集成电路产业价值链中三分天下有其一的存储芯片领域。

2. 超级计算与5G云计算

(1)超级计算:面对人工智能时代的爆炸性需求

超级计算对人工智能的发展至关重要。人工智能需要对大数据进行深度学习,必须有足够强大的计算能力做支撑。

在2015年前后,中国超级计算机"天河二号"长期占据全世界超级计算机第一名,但计算能力一直没有满负荷运转。当时的主要问题是找不到足够多的计算量:一方面,很多行业的超级计算需要软件支持,软件开发没有到位;另一方面,需要进行超级计算的企业并不是很多。因此,在此前一直有一种声音:中国的超级计算就是一个"面子工程",对整个国家的生产生活没有多大影响。

超级计算是一个国家的战略性基础工程,必须要超前规划超前发展。现在,深度学习技术进入产业化阶段以后,大家发现:原来,我们的超级计算技术不是超前发展,而是大大落后了——不是落后于其他国家,而是落后于技术发展带来的计算需求。

深度学习需要史无前例的大数据计算。一辆自动驾驶汽车上就要安装上百个传感器,包括视频、图片等。每500辆这样的汽车跑一年,所产生的数据就相当于整个人类文明在2015年前产生的全部数据量。对这些数据进行深度的机器学

习，需要的计算能力将是天量。5G 技术已经可以为这样的数据量传输提供保障了，而超级计算技术还远远跟不上。

当前，中国最先进的"神威·太湖一号"的峰值计算速度是 12.5 亿亿次/秒。然而，仅一家人工智能公司——商汤科技，为了满足自己的业务需要，就投资建一个私有的超级计算平台，峰值计算为 16 亿亿次/秒。也就是说，"神威·太湖一号"的计算能力，现在连一家初创型人工智能公司的需求都满足不了。

中国现在的超算综合实力，是世界领先的，但跟人工智能时代的计算需求比起来，仍然只是沧海一粟。

在量子计算机技术没有突破之前，E 级（一百亿亿次/秒以上）超级计算机将成为人工智能企业的标准配置。

在超级计算领域常年跟中国激烈竞争的美国，也同样意识到了这一点，他们正在集中国家和商业界的一切资源投入超级计算的研发和建设当中。2019 年 3 月 19 日，英特尔宣布：将与克雷（Cray）合作，在美国能源部下属的阿贡国家实验室建造一台一百亿亿次/秒的 E 级超算，专为人工智能设计。

而就在 2019 年的 3 月 12 日，英伟达宣布 69 亿美元收购以色列公司 Mellanox，后者是一家以高性能计算和网络技术而闻名的芯片制造商。2019 年 5 月 18 日，AMD 也跟进宣布同样要在美国能源部的橡树岭实验室建造一台每秒一百五十亿亿次运算的超级计算机。

超级计算机的核心技术主要有两个：超算芯片和超算构架。芯片是基础，但要把数万个芯片连接起来，对数据分配和数据传输技术要求极高，基于高速数据传输网络的超算构架才是核心。构架能力决定了一台超算能够集成的芯片数量。构架能力如果上不去，芯片堆得越多，使用效率越低。超过一定数量以后，堆更多的芯片只能增加能耗而无法提高计算能力。也可以说，芯片，是超大规模集成电路；超算，就是超大规模集成芯片。除了构架技术以外，超算的操作系统、电源、散热等技术也有很高的技术难度。

美国做出第一台电子计算机是 1946 年，中国是 1958 年，落后了 12 年。

美国研发出 1 亿次/秒超算的时间是 1976 年，中国在 1983 年才实现，落后

**人工智能、5G与物联网时代的中国产业革命**

了大概7年。

2005年，中国超算机突破10万亿次/秒；2010年，"天河一号A"代表中国第一次登上了全球超级计算机榜首。经过52年的追赶，从落后美国12年变成了并驾齐驱。

"天河一号"只占据了半年领先地位就被美国反超了，所以在当时这个事情还没有引起美国政府的足够关注。但是到了2013年，"天河二号"再次登上世界超算榜首，长期力压美国的"泰坦"，占据榜首位置达三年之久。

长期以来，国内国外大多数关注全球超算排名的人都认为，中国主要是依靠美国的芯片把超算"堆出来"的，离开了美国的芯片，中国超算就没办法发展了。

2016年，"天河二号"果然丢掉了超算全球第一的宝座，取代它的是中国使用国产申威芯片做出来的"神威·太湖一号"超级计算机。

当时，英特尔的至强高端芯片，根据型号不同，售价在7000~2万美元，"天河二号"用了48000片至强Xeon Phi，还有32000片的至强E5，这意味着光买美国的处理器就要花费大概七八亿元。在单片计算性能上，申威芯片落后英特尔两代，但体系更小、功耗更低。国产芯片在体系和功耗方面的优势，与其长期在军工和重工业的应用场景密不可分。

单位空间内计算能力更强，还有一个原因，就是国产芯片是专门针对国产超算的需求设计制造的，芯片设计与超算构架的两个团队可以无缝对接，让超算框架更加优化。

"天河二号"研究机构——国防科技大学迎难而上，在2018年用国产芯片"火星（Mars）"+"矩阵（Matrix2000）"芯片代替美国至强E5+Xeon Phi芯片对"天河二号"进行了升级，做出了"'天河二号'A"，将"天河二号"的整体计算性能提升了81%，由3.39亿亿次/秒提升到6.14亿亿次/秒，与此同时，能耗反而降低了4%。

在中国大踏步前进的时候，美国也没闲着。

2018年6月，美国IBM公司在橡树岭国家实验室发布"顶点"超级计算机，峰值计算速度达到20亿亿次/秒，比神威的峰值性能高出60%，成为"世界第一超算",也让美国在时隔五年之后从中国手中夺回了超算世界第一的交椅。

这次超越的不算太多。作为晚了两年才发布的新超算,60%并不是一个很理想的成绩。神威发布的时候,比第二名"天河二号"的峰值性能增长了200%。"天河二号"发布的时候,也比当时的第二名——美国"泰坦"计算机快了接近100%。

真正的交锋将在2020年到来,因为国防科技大学的"天河三号"计划在2020年发布,很有可能成为全世界第一台E级超算,达到100亿亿次/秒。一旦发布,速度就将比"顶点"高出400%。而江南计算所也计划在2021年发布150亿亿次/秒的神威二号。另外,中科院下属的中科曙光,也在立项研制E级超算。

中美两大超算强国即将在E级超算领域展开新一轮激烈竞争。这种竞争总体来看是良性的,有利于全人类计算技术的共同进步。

中国在超算领域积累的强大研发与制造实力,为中国在"5G+人工智能深度学习+物联网"时代的产业革命中居于领先地位提供了重要的支持。

但是,这种实力距离满足新一轮产业革命的需求还差得很远,仍需要政府和企业持续大规模的战略性投入。

由于人工智能在企业和城市中的广泛应用前景,可以预计,超级计算中心必将成为智慧城市和人工智能类企业的"标准配置"。E级甚至更高等级的超算,以后很有可能每个城市都要至少建一个,每家人工智能企业都要建一个。这会创造数以千亿计的投资和研发投入,仅此一个应用场景,就足以支撑起中国发展出多家世界级的芯片制造企业。

(2)场景升级:云计算与Wintel霸权的终结

云计算并非"5G+人工智能+物联网"的后台核心技术,而是"三大枢纽创新+超级计算机"的一个应用场景。但支撑云计算的软件操作系统是重要的后台技术。

几十年前,在电网输电还不稳定的时候,很多工业企业都要自备发电机,甚至自建电站。等到电网建设成熟了,这种情况也就自然消失了。

云计算的发展也与电网建设过程类似。由于网络速度、时延和可靠性不够,

**人工智能、5G与物联网时代的中国产业革命**

个人和企业的主要数据存储计算都在终端,也就是电脑和手机上。因此,很多企业还会自备大型服务器。这跟以前自备发电机或电站一样,是一件很不划算的事情,我们电脑和手机的大部分运算能力在大部分时间里是闲置的,这些昂贵的芯片在我们睡觉的时候也跟着"睡大觉"。而假如把这些芯片集合起来利用,其计算能力将远远超过现有的任何一台超级计算机。

如果把个人和企业的数据资料存到一个远端的集中大型服务器(也就是"云"),需要运算的时候调用超级计算中心的算力进行计算(也就是"云计算")。如此,电脑或手机就会变成一个纯粹的发出指令和接收计算结果的网络终端了——这可以极大地提高全社会的计算能力,并提高这种计算能力的使用效率。

在5G之前的时代,云计算就已经成了一个热门产业。

2019年7月,美国微软公司发布二季度报告,其云计算业务的收入已经超过它销售Windows操作系统的收入。我们甚至可以说,在不知不觉间,微软已经从一家操作系统公司转型成了一家云计算服务商。从销售操作系统到提供云计算服务的成功转型,推动了微软公司的股票突破一万亿美元。微软也因此成为继苹果之后第二家市值破万亿的企业。

微软公司的创始人比尔·盖茨接受媒体采访时谈到他最后悔的事情,就是没有抓住移动互联网兴起的机遇,让谷歌公司的安卓系统成了手机终端的主流平台,使得Windows系统的发展被局限在了电脑领域。如今看起来,微软是下定决心要抓住云计算的发展机遇,以免重蹈手机操作系统的覆辙。

实际上,云计算对信息服务业的颠覆意义,也确实可以同移动互联网相提并论。

曾几何时,微软公司联手英特尔,打造了横扫全球个人电脑和服务器的"微软–英特尔"Wintel联盟:操作系统用微软的Windows,芯片用Intel。基本上垄断了整个市场,没有任何值得一提的对手。尤其是操作系统领域,因为有庞大的应用软件作为支撑,竞争对手即使把系统做得再好,也会因为跟很多电脑软件不兼容而被用户放弃,无力挑战微软霸权。

在"微软–英特尔"联盟中,Windows的统治力比英特尔芯片的统治力要高得多。顶峰时期，Windows 在全球 PC 市场的份额超过 90%，而英特尔的份额始终未能突破 80%。

但 Windows 的垄断地位终究还是被终结了，打败它的不是一个更先进的操作系统，而是一个全新的应用场景——移动互联网。

智能手机出现以后，微软也及时推出了 Windows 移动版，推出的时间比今天最常见的安卓和苹果操作系统都要早。大部分电脑软件也都可以用到手机上。不过，手机的应用场景跟电脑差别很大，想要把电脑操作系统移植过来，面临几个大问题。

首先是耗电，电脑大部分场景都是插着电源使用的，移动笔记本也只需要应付偶尔的无电源场景即可，而手机要求体积小、轻薄，留给电池的空间很少，几乎所有使用场景都是无电源场景。Windows 的底层设计基本不考虑省电的问题，最早安装 Windows 移动版的手机都是"大块头"，又大又厚。后来虽然有改进，但在省电方面始终不如纯粹为手机设计的安卓系统。

Windows 的另一个特点是代码数量庞大。Wintel 联盟的一个特点就是：英特尔芯片带来的速度升级，都会快速地被 Windows 新一代系统占用的空间和计算需求消耗掉。当时就流传一句话："摩尔带来的，都被比尔拿走了。"这句话里的摩尔就是英特尔的创始人，比尔则是微软的创始人比尔·盖茨。而智能手机刚刚出现的时候，受限于体积和能耗，内存与计算速度都远远低于个人电脑。Windows 在手机终端上运行的流畅度很差。

智能手机的应用场景不以办公文件处理为主，而以上网通信和游戏娱乐为主。Windows 生态中大量的办公软件给它带来的生态优势就自然消失了，而处理图片和视频速度缓慢的劣势则被进一步放大。用电脑办公的人群一般学历比较高，有耐心和能力学习相对复杂的软件操作，用鼠标进行精确的点击，用键盘输入命令来与电脑沟通。

但手机人群覆盖范围更广，不管是通信还是娱乐，对应的人群都没有那么有耐心，他们更需要无须专门学习的"傻瓜化操作"和快速敏捷的"模糊点击"来玩手机。这方面的差异，在苹果公司传奇 CEO 乔布斯发布第一代电容触摸屏智能

## 人工智能、5G与物联网时代的中国产业革命

手机苹果之后,就变得对微软不利了。之前的电阻屏需要用触摸笔来点击,跟鼠标类似,而电容屏是手指直接控制屏幕,在上网娱乐方面优势明显。

Wintel联盟的另一家英特尔也由于能耗太高、对通信芯片支持不够友好等一系列原因,在智能手机应用场景中毫无建树,被高通公司击败。高通公司对英特尔是"应用场景 + 产业链协同"双重打击:在应用场景方面,高通芯片针对移动互联网做了优化设计,能耗更低且支持无线通信;在产业模式方面,只做芯片设计,把制造代工部分委托给了台积电,专业化优势和成本优势凸显。

在著名的科幻小说《三体》中,作家刘慈欣发明了一个词语——降维打击——处在四维空间的高等级文明对处在三维空间文明的攻击,是三维空间文明根本无法防御的。"应用场景革命"和"产业模式革命"就类似于一种降维打击——它是在更高的维度向低维度的垄断者发动的攻击。

处在低维度中的垄断者很难被同一维度的挑战者击败。以往,人们常常不得不借用行政力量来"反垄断"。美国政府就多次发起对微软的反垄断调查,最后却成效甚微。而当竞争维度增加以后,市场的力量会变得更强,挑战者从新的维度对垄断者发动攻击也更容易取得成功。如何利用和发现市场竞争中的新维度,开展"创维竞争",是产业革命时代的政府和企业都需要认真思考的问题。

如今,云计算带来的应用场景的革新,就是一个新的竞争维度。操作系统的"创维竞争"时代再次拉开。

当电脑终端的主要责任不是存储和计算,而是通信和显示以后,竞争的维度就必然会发生巨大变化。桌面操作系统以及它的软件生态很快就会变得不再重要。最简单的变化是我们以前要在电脑上下载一些播放软件,先下载电影然后用播放器观看。而现在,播放器已经几乎被淘汰,直接点击浏览器观看各种视频等已成为主流。将来的人们可能会对"下载"和"安装"这两个词感到困惑——什么是电影下载?什么是软件安装?看电影还需要先存到电脑里?用软件还要装到手机上?真是不可思议、多此一举。

电脑和手机变成显示终端以后,真正的操作系统会集中在云端。云操作系统中会集成我们需要的各种软件,就好像微信的小程序一样,不用安装,直接点击

就能用——微信小程序也就是朝着这个方向设计的，只是目前还处在十分初级的阶段。没有 5G 的支持，手机很难做到大型软件的云端即时运行。

目前，微软自己的云计算服务还是用的 Windows 的改版，市场份额也比较可观。但其垄断地位已不复存在。美国最大的云服务商是亚马逊，微软只是第二名，市场份额只有亚马逊的一半。此外还有谷歌、IBM、苹果等公司也在提供云计算服务。国内的云计算服务有阿里云、腾讯云、百度云、华为云、天翼云，等等。除微软以外，其他所有主流云计算服务商操作系统都不是 Windows，也不是谷歌的安卓系统，都是基于开源代码 Linux 编写的自有操作系统。

由于云计算业务数量庞大，又有专业人士开发和维护，服务商都有能力开发自己的操作系统。Windows 和安卓的软件生态优势在云计算场景中不复存在。云计算的操作系统开发者会想办法兼容各种应用软件，并负责及时升级，而不需要终端消费者去费脑筋。这种情况下，国产操作系统就获得了一次跟国际巨头同步竞争的机会。

2018 年 8 月，中国最大的云计算服务商——阿里巴巴发布了"飞天 2.0"云计算操作系统，兼容市面上 90% 的物联网通信方案，具备亿万级连接、毫秒级响应的能力，目前已经安装到阿里全球 200 多个数据中心。华为的鸿蒙操作系统，同样也是面向云计算和物联网的新一代操作系统，而且还是基于非常底层的具有完全自有知识产权的内核开发，是领先的分布式微内核构架。也就是说，它的核心部分非常小，在核心上衍生出来的许多功能模块都以需要增加或减少。

相比之下，Windows 和安卓都是"宏内核"，核心程序非常大，很多功能模块都集成在内核上，无法分拆。这样，它们就不太适合用在诸如智能音箱、扫地机器人、智能手表等特殊功能的智能载体上——这些智能载体不需要那么多功能，也不会配置很高级的芯片和内存，宏内核会影响运行速度。

相比之下，鸿蒙的"微内核"保证了各种智能载体之间可以方便地运行同一个平台，互联互通，又可以根据不同载体的具体需求方便地选择功能模块，占用内存小、运行速度快、能量消耗小，特别有利于"万物互联"。正因此，鸿蒙是一种比 Windows 和安卓更适合物联网智能化的操作系统，有望在下一代操作系统的竞争中胜出。此外，鸿蒙系统的整体开发不基于任何国外的操作系统、框架和指令集。

目前，美国的Windows、安卓和苹果三家几乎占据了全球智能终端操作系统市场的所有份额，具有绝对统治地位。在现有电脑和智能手机的应用场景下，要打破这种垄断几乎是不可能的——不是做不出来，而是消费者的使用习惯和软件生态不允许。但随着云计算和物联网兴起，操作系统的新竞争维度已经被打开。中国只要能在云计算和物联网的竞争中站住脚跟，美国在操作系统的垄断地位也会被终结。中国在5G技术方面的领先地位，也将有利于我们在竞争中胜出。

除了操作系统以外，云计算的另一个核心技术是数据库。操作系统是云计算的运行平台，数据库则是云计算的后台数据处理核心。数据库的市场长期以来一直被美国公司占据。传统数据库四大巨头分别是甲骨文、微软、IBM和SAP，前三名都是美国公司，第四名SAP是德国公司。在云计算技术兴起以后，四大巨头仍占据重要地位，但亚马逊、谷歌利用他们在网络技术方面的优势也跟了上来。

国内的数据库市场一直是被国际巨头占据的，特别是银行、电力等国民经济的核心部门，几乎所有的数据库都是甲骨文、微软、IBM的产品。也就是说，长期以来，中国金融、能源等命脉性行业的核心数据都储存在美国的数据库产品中。国产数据库软件一直比较弱势。不过，近年来，中国企业已经取得了重大突破。

阿里巴巴依托中国庞大的电子商务市场，经过十多年的努力，发展了新一代分布式数据库。目前，阿里云拥有国内最强大和丰富的云数据库产品家族，涵盖关系型数据库、非关系型数据库、分析型数据库及迁移工具等。2019年，阿里云数据库产品在云数据库市场的份额已上升至全球第三——前两名是微软和亚马逊。2019年10月4日，在被称为"数据库领域世界杯"的TPC-C基准测试中，蚂蚁金服金融级分布式关系数据库OceanBase打破了由美国甲骨文公司保持了九年的世界纪录，夺得了世界第一——这也是中国首个登顶该榜单的数据库产品。

阿里云的成功是一次典型的从市场到技术的"逆袭"。马云创立阿里巴巴，主要就是搞电子商务，不管是批发（阿里巴巴）还是零售（淘宝）都在网上进行。

而电子商务的运行，必须依靠云计算和数据库，当时用的是美国技术，这看起来理所当然。一直到2007年，前浙江大学教授、微软亚洲研究院副院长王坚遇到马云时对他说："如果阿里还不掌握技术，未来将不会有它的身影。"马云深以为然，决定每年投入十个亿来研发云计算和数据库，并聘请王坚担任首席构架师。一年十个亿，一直投入了十年。

这十年的时间非常难熬，最早的一批构架工程师因为看不到希望有80%辞职走人。到2017年，阿里云才研发成功，阿里巴巴从市场下游向技术上游成功"逆袭"。王坚也因此在2019年被评选为中国科学院院士，成为中国第一个被评选为院士的民营企业科研人员。

阿里巴巴在数据库领域的突破，是中国市场化企业投资核心技术研发的成功典范。其经验值得认真研究和大力推广。其中最关键的经验在于，市场化企业应该集中力量在关系自身主营业务的核心技术环节进行突破研发，而不是盲目撒网和追逐时髦。阿里巴巴在投入数据库研发之前，算过一笔账，按照既有的业务增长速度和外国数据库公司的收费标准来看，如果长期使用外国数据库公司的数据库，那么将来公司超过一半的利润都要用于购买数据库服务。企业自身业务会为技术研发创造应用场景并促进技术本身进行迭代升级，技术突破又会反过来给企业节省巨大成本，这是市场化主体进行技术研发投入的最佳选择。

### 五、工业软件生态：弯道超车

中国很早就是世界第一大制造业大国了，也可以说是强国，但在软件产业特别是工业软件方面，还存在巨大的短板。甚至可以说，目前中国与美国差距最大的地方，就是工业软件。

工业软件主要有两个大类：设计软件和自动化软件。

设计软件包括电子信息行业用的EDA、其他行业（工程机械、规划建筑等）用的CAD。因为EDA用于芯片设计，精密程度和技术复杂程度大大高于CAD。在EDA领域，美国居于世界垄断地位。而在CAD领域，美国也是最强，欧特克（Autodesk，发明CAD的公司）、UGS、EDS、PDC这几家龙头企业都是美国企业，

## 人工智能、5G与物联网时代的中国产业革命

但不具有垄断地位。法国的达索系统公司也是 CAD 行业龙头，其母公司达索集团是飞机制造巨头，其设计软件是基于欧洲飞机制造业发展起来的。中国现在也有自己的国产 CAD 软件，北京大方、广州中望、苏州浩辰等十多家，但在国内市场份额很低，尚无力与国际巨头抗衡。

工业软件的另一个大类是传统工业使用的自动化智能化软件，用来管理仓库物资调动、生产线运转、辅助研发等，这方面德国西门子公司处于世界领先地位。

此外，还有一类办公软件，为生产活动服务，算是准工业软件。微软和 Adobe 公司的办公软件套装等都算，这方面美国一直处于领先地位；还有办公自动化的 ERP 等，这方面，由美国 IBM 公司德国分部的几个工程师创立的德国最大的软件企业思爱普（SAP）公司居于领先地位。

在生活软件方面，得益于中国在 3G、4G 时代无线网络的建设力度，这些年已经追赶上来，像抖音、饿了么、二维码支付等已居于世界领先地位。甚至，国内企业开发的在手机上看 CAD 的软件也处在了领先地位。但在真正用于产业活动的工业软件领域，我们确实还技不如人，从关键软件到整个软件生态系统都处于大幅度落后的状态。

第一次工业革命的核心是机器，第二次工业革命的核心是电气化，第三次工业革命的核心是微电子，第四工业革命（也可以说是第三次工业革命的下半场）的核心一定是软件。

软件曾经只是硬件的附庸，但随着产业升级的持续推进，它已经从附庸变成了核心。特别是在人工智能技术兴起以后，未来世界的产业竞争力，将会主要由软件水平决定。实体制造业的地位正在持续下降，而且会继续下降。当然，制造业还是很重要的，但其技术革新的核心将是依靠软件进步。

我们常说美国等发达国家"产业空心化"，制造业大幅度外迁，这有两个方面的原因：一方面是他们的经济结构确实出了问题，比如美国大力发展金融业，从全世界收取铸币税，而轻视制造业；另一方面，基础教育也出了问题，"快乐教育"类同于放养式教育，年轻人不愿意也干不了制造业。这样，制造业就衰落

了。这是不好的方面，我们需要引以为戒。但这并不是事实的全部，美国制造业外迁确实有真实的产业升级和科技进步做支撑。

其中比较核心的升级方向就是软件和管理（也即总部经济），这是仅次于金融业或者跟金融并列的两个顶级人才聚集、智力高度密集的行业。有关总部经济的内容，我们会在后面谈国家创新体系的时候再讲。制造环节，包括极为精密的芯片制造环节都从美国外迁了出去。美国几十年前也生产光刻机，自己也有芯片生产线，但前者被荷兰的 ASML 公司击败了，后者被中国台湾的台积电为代表的代工企业击败了。甚至在芯片设计方面，中国的华为等企业也走到了前面，设计出来的芯片电路密度超过了英特尔。

那美国还剩下什么呢？至少还剩下为芯片设计提供的设计软件的研发。而这是整个半导体行业乃至电子信息和数字经济产业的最底层支撑。

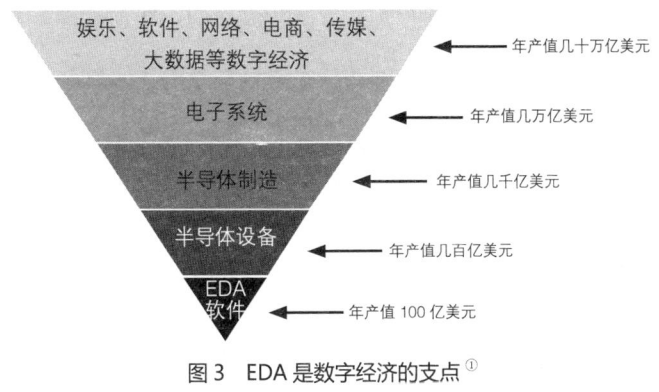

图 3　EDA 是数字经济的支点[①]

我们常说要发展实体经济。实体经济发展不能只看制造业，软件也是实体经济，它是人类智慧的结晶——构成软件的一行行代码也是真实存在的人类财富和产品，绝不应该跟虚拟货币或者被金融杠杆炒出来的虚假财富放到一类。我们甚至可以说，第一次工业革命是机器换人，第二次工业革命是机器生产机器，第三

---

① 来自微博"南山林雪萍"。

### 人工智能、5G与物联网时代的中国产业革命

次工业革命的关键就是让软件来指挥和控制机器。

美国国内已经发展了一整套的软件产业生态,这在全世界是最为领先的,其软件产业总产值大约占了全球软件产业总产值的三分之一。2014年,软件开发人员的平均年薪为108760美元,是美国所有职业平均年薪48320美元的两倍多。自2014年以来,软件行业在美国直接创造的就业机会数量增长了14%。相比之下,从2014年到2016年,美国就业人数只增长了3.9%。现在的美国,在某种意义上可以算是一个"软件帝国"。

芯片设计离不开设计软件,而世界三大芯片设计软件公司都在美国:新思科技(Synopsys)、楷登电子(Cadence)、明导国际(Mentor Graphics),其中明导国际2016年被西门子收购了,但只是控股权发生变化,它的技术团队始终在美国,核心技术还是掌握在美国人手中。

前文提到过,光刻机是人类工业技术的顶级成就,但它也许还不算是人类科技的顶级成就——工业水平到光刻机已经到顶了。而工业软件却是比工业制造更高一级的技术——掌握着最先进的软件,就好像掌握了人的大脑,没有软件支持,再强大的机器也难以发挥出实力。

在工业软件领域,要想找到能代替美国软件的EDA芯片软件,目前看来还是很难的,需要更长的时间才能解决。那三家巨头企业只是美国EDA软件生态的代表,在三家大企业背后还有四百多家中小型配套企业,它们共同构成了美国EDA软件生态。要想复制这么一个生态圈,难度很大。

尽管如此,中国作为全世界工业体系最全的大国,产业结构十分完整,为工业软件产业的发展奠定了很好的基础。工业软件自然不会落下,几乎所有门类的工业软件国内都能做,而且如果按照国家来排名,都处在世界比较靠前的水平。所谓落后,也只是相对于美国、德国等少数几个发达国家落后了几年而已。

在EDA软件领域,国内的领头羊企业是华大九天。华大九天的前身是中国华大集成电路设计集团有限公司的EDA部门,其发展历史可以追溯到1986年。当年,我国集中多位业内专家学者,举全国之力进行技术攻关。这次攻关的主体承接单位是新成立的北京集成电路设计中心,也就是后来的中国华大集成电路设计

中心（华大集团的前身）。1993年，攻关团队正式发布了中国第一款具有自主知识产权的EDA工具——熊猫ICCAD系统，并获得了国家科技进步一等奖，使中国成为国际上为数极少的几个可以提供自主知识产权EDA工具的国家之一。

但是，在熊猫ICCAD系统研发成功之后，只过了两个月，西方国家就解除了对中国EDA软件的封锁。美国的EDA软件进入中国市场，国内半导体厂商纷纷转而使用更成熟好用的国际EDA，让刚刚诞生的国产EDA软件没有了用武之地。当时中国政府还没有充分认识到软件的战略意义，从1994年到2008年的十五年间，国产EDA软件的发展一直处于停滞状态。一直到2008年，国家启动"核高基"项目。

所谓"核高基"，就是"核心电子器件、高端通用芯片及基础软件产品"的简称，其中EDA就是典型的基础软件。

2009年，由中国华大集成电路设计集团有限公司与国投高科技投资有限公司共同投资，将华大EDA部门独立出来，成立了华大九天。这才开始了国产EDA软件的新征程。

目前，在模拟芯片领域，华大九天已经可以实现全流程EDA支持，制程工艺也可以做到7纳米，基本上可以跟世界领先水平同步。中国在芯片设计软件领域主要的短板在数字芯片领域，目前只能做优化，核心设计模块还比较落后。计算机和手机芯片需要的是数字芯片设计软件，这方面的短板中国企业可能还需要较长的时间才能补上。

工业软件的发展，是工业自动化积累到一定程度的产物，它不仅是软件业自身的发展结果，也是工业发展需求推动的结果，是工业知识长期积累的结晶。

美国在电子信息设计软件方面的世界领先地位，跟它是"二战"后全球电子信息产业的发源地和创新中心密切相关——先有了电子信息工业，然后才有了在此基础上的软件产业。虽说后来电子信息制造环节转移出去了，软件产业却还是留下了，并得以继续发展。

德国现在是传统产业工业软件的领先者，是因为欧洲在第一次和第二次工业革命中居于领先地位，在此基础上，德国才发展起了强大的工业软件体系。

## 人工智能、5G与物联网时代的中国产业革命

美国人搞工业软件，提出的口号是"工业互联网"，突出自己在互联网方面的优势；德国人搞工业软件，提出的口号是"工业4.0"，突出自己在工业技术整合方面的优势。美国的通用公司也一直想把自己在工业制造领域的优势转化为工业软件方面的优势，早在2008年就开始研究PREDIX系统，却一直只能用于自己企业内部，始终没办法开拓更广阔的市场，这就跟美国整体的制造业发展空心化密切相关；而西门子公司则在工业4.0领域基本上站稳了脚跟，则和德国的制造业体系一直保持完整有关。

此外，西门子还利用中国制造业自动化智能化改造的机会，把它的工业软件大量投入各行各业的实践应用，成功实现了从以制造业为主要业务到以软件为主要业务的转型升级。

另外值得一提的是日本。日本跟德国一样，也是一个制造业水平领先、制造体系相对完整的经济体。但是，由于其财阀体制的缘故，软件产业始终只是传统制造业大公司的附庸，很多大公司都只把软件作为公司的一个业务支持部门，软件外包活动很不发达。由于没有发达独立的工业软件产业作为支撑，日本的工业软件技术虽然做得不错，但割裂现象较为严重。工业软件没有一个可以推广的平台和品牌，都是各大制造业企业在自己的机器设备中"嵌入"自己研发的软件。在"嵌入式软件"方面，日本居于世界领先地位，但未能发展出像美国和德国那样的大型软件企业和工业软件生态。

中国的工业化时间很短，在之前的重工业建设中也对发展工业软件不够重视。改革开放以后，轻工业发展迅速，大量的生产设备从国外直接进口，工业软件的发展更是无从谈起。先把工业的实体方面做起来，然后再逐步发展工业软件，也是一个正确的发展战略，符合产业升级的客观规律。

从这个角度看，我们在工业软件领域的落后是正常，也是必然的。现在，中国有了全世界最全的工业体系，制造业产值世界第一，发展工业软件的基础已经完全具备。当前最重要的，是充分重视工业软件在实体经济发展中的重要意义，尤其是不能再把软件产业和实体经济割裂，一提到"实体经济"就只有工业制造业。要明确软件产业也是实体经济，软件就是实体财富，而且软件技术还是制造

业转型升级的核心环节。

我们不能被"制造业第一"的荣誉遮住了眼睛。从一个很长的历史时期来看，制造业或者说制造环节的发展可能会大幅度落后于经济增长，在经济增长中所起的作用会越来越小，制造业的优势在国家竞争中的作用可能会越来越小。

在人工智能的时代，制造业甚至可能就好像农业在工业时代一样，变成一个很基础的、必不可少的但却不那么重要的行业，产值在经济中的比例很低，技术创新也主要依靠其他产业的技术进步，就好像现在农业的进步必须要依靠化学和机械制造技术的进步一样。如果这种情况变为现实，那我们在制造业方面的优势就可能荡然无存。

在工业软件领域，就跟微机电领域一样，我们必须有强烈的危机感，奋起直追，时不我待。

# 03

# 自主创新

## 中国5G产业致胜之路

在本书第二章列举的"三大枢纽创新 + 后台核心技术"中，中国真正领先的只有 5G 领域，其他方面有的落后于美国，有的则正在和美国进行激烈竞争。

那么，中国的 5G 技术是如何做到全球领先的呢？

5G 所属的信息通信也是我们这个时代无可争议的主流高科技产业，而且技术进步速度极快，世界各国都当成战略性产业竞相发展。中国电信领域是后来者，起步晚、起点低。改革开放初期，全球每百人拥有电话数量已经超过了 11 台，而我国仅为每百人 0.38 台，还不及一些非洲国家。

当时，谁也不敢想象，我们竟然只用三十多年就可以从严重落后于世界，变身全球最强。可以说，中国的"泛电信产业"，也就是电信网络建设及其相关的通信技术、通信设备与手机制造、软件 APP 开发等相关产业，是中国改革开放四十年来最成功的产业。其成功的经验显然值得其他领域借鉴。

中国的 5G 产业，有两家企业特别有代表性，一家是中国移动，5G 国际标准立项世界第一。截至 2019 年，中国移动在国际标准组织中牵头 32 个关键标准项目，居全球电信运营企业首位，牵头的 5G 网络架构标准成为首个中国公司主导制定的全球新一代移动通信网络架构。另一家则是华为，5G 关键专利世界第一。

这两家企业的发展历程，也就是一部中国通信产业的追赶史和反超史。它们分别从国家宏观管理的视角和民营企业创业发展的视角，共同构成了我国通信产业创新体系崛起的全景图。

## 一、从 3G 到 5G 的科技博弈

1. 引进技术

1979 年的 11 月，比利时最著名的通信公司——比利时贝尔派出了一名叫莫瑞尔的贸易专员前往北京，拜访中国国家邮电部相关人员。

莫瑞尔此行的目的，是向开完十一届三中全会不久的中国推销一款名为 10C 的半电子电话交换机。

刚刚走下飞机，映入他眼帘的是北京机场入口的几辆陈旧的红旗牌轿车。机场设施陈旧落后，没有传送带，也没有自动扶梯。这让他对自己此行的任务充满了信心——这是一个跟东南亚国家经济水平差不多甚至更落后的大国，他推销的这款交换机将在这个国家非常受欢迎。

几天后，莫瑞尔来到了位于西长安街的中国邮电部大院。一群穿着中山装的官员们整整齐齐地坐在他对面。他不无得意地打开投影仪，开始介绍 10C。他相信，这个古老而保守的东方大国的官员们，将会被这款来自欧洲的先进通信设备所震惊。

他很快就失望了。

官员们对他的介绍表现得相当冷淡。等他讲完以后，大家沉默了半天，也没有提一个问题，气氛略显尴尬。

过了一会儿，终于有一个头发花白的老者站了起来。有人悄悄地告诉莫瑞尔，这是中国邮电部的副部长，叫李玉奎。

莫瑞尔很高兴，这种高级别官员的提问可能代表他对 10C 很感兴趣。

不过，李玉奎根本没有提 10C 的事儿，单刀直入地问："听说贵公司最新开发出一款名为 S1240 的数字程控交换机，对吗？"

这下轮到莫瑞尔被震惊了，这款 S1240 刚刚开发出来，都还没有试运行，是纯粹的实验室产品，中国人是怎么知道的？

他只能尴尬地点头说道："对，是的。"

"我们想和贵公司合作，引进这款交换机的技术，并在中国建立工厂生产。"

**人工智能、5G与物联网时代的中国产业革命**

"啊……这……"莫瑞尔有点猝不及防,这意味着10C根本就不在中国官方的考虑范围内,"您的要求太突然了,请允许我向比利时方面请示之后再答复你们。"

电信部门主持编写的《大跨越——中国电信业三十春秋》中,记录了这个颇有戏剧性的场面。当时的中国虽然刚刚经历了历史变革,邮电部门却一直关注着国际通信技术的发展。之所以给外界以封闭保守的印象,是因为在此之前,中国一直强调自主发展电信事业。中国的通信工业从只有几十人的小厂起步,经过几代人的努力奋斗,已经建立起覆盖全国的几十个大中型工厂,产品门类也很齐全,最核心的交换机技术也已经发展到跟发达国家相差不到十年的水平。

在这种条件下,莫瑞尔来推销只比国产交换机领先半代的10C,邮电部是看不上眼的。他们相中的,是全电子化的数字程控交换机。

早在比利时贝尔派出贸易专员之前,邮电部就已经关注比利时贝尔了。在接待莫瑞尔之前,邮电部内部就已经为是否要引进国外数字程控交换机的问题吵翻了天。

交换机技术分为好几代。第一代为人工接线,用手摇电话接通交换机站,告诉话务员自己要给哪里打电话,话务员负责手动接通。如果一台交换机上有20线——也就是有20个插孔,从重庆给北京打电话,重庆的话务员就需要插上联通北京的线路,再由北京的交换机站的话务员接通具体的分机;第二代是机械式,不需要话务员了,把电话机的拨号信息转化成为机械动作来接通;第三代叫纵横制,用电磁原理来接通,1926年由瑞典人发明;第四代是电子式,用芯片接通,也就是数字化程控交换机,1970年由法国人发明,当时刚开始在美国和欧洲试运营,还没有大规模推广。

莫瑞尔推销的10C属于三代半,半电子式。中国当时的技术水平是纵横制,已经达到国际先进水平,但还没完全掌握数字交换机技术,实际使用的大部分还是机械式,正处在纵横制大规模上马的关口。

引进还是不引进?纵横制还是数字式?最后的决策权落到了邮电部副部长侯德原手里。他是负责邮电装备制造的副部长,之前担任过邮电部设计院院长、总工程师，过去几十年长期奋战在技术和生产战线上，亲自参与或主持过一系列重大通信装备的技术攻关，对自主研发和自主制造都有深厚的感情。他也很清楚，如果决定大规模引进国外产品和技术，就意味着要打破自己耗费毕生心血建立起来的整个邮电技术开发和生产制造体系。

最后，侯德原还是决定要尝试一下技术引进。除了技术上的判断，更重要的是考虑到当时中国的邮电网络建设太落后了，必须要尽最快速度改变电信服务跟不上社会经济发展的不利局面。还有一个因素是：纵横制基站占地面积很大，所需要的拆迁和基础设施建设的速度太慢，跟不上需求。

中国在改革开放初期，电信事业严重落后。从1949年到1978年，我国工业总产值增长41.5倍，而市话交换机增长还不到5倍，电话机增长也只有9倍。在这有限的投资中，通信网络建设又偏重于为国家安全和重工业服务。

受投资比例和投资方向双重影响，普通人感受最直接的轻工业和民用领域的通信系统就显得更加落后。去邮电局打电话的人排起长队，有时候要排几个小时才能打上电话。邮电局的工作人员要忙到晚上九十点。沿海地区招商引资，外商来考察，想打个电话跟总部协商一下，根本就找不到电话。省际长途的拨通率低于百分之一，也就是说，打一百次电话，九十九次会线路被抢占打不通，最多只能打通一次。

邮电网络需要解决的不仅是自己的技术和装备自主化问题，更重要的是必须尽最快速度为国家经济建设大局做好服务。1979年，国务院副总理谷牧在国务院常务会议上讲："邮电是国家的神经，可现在邮电系统的神经衰弱比我的神经衰弱还严重。"如果为了邮电产业的自主发展，拖延了整个国家的现代化进程，那是得不偿失的。

不过，外汇、技术引进模式等问题确实存在，侯德原只能决定先尝试一下：如果西方国家愿意转让技术并且在中国建厂生产，那么就引进数字程控交换机，如果买不到或者人家不愿意转让技术、不愿意在中国生产，那就不引进。

经过一番考察了解，比利时贝尔在西方主要通信企业中技术比较落后，刚在实验室搞出来一台数字程控交换机，还没有投入使用。这可能是个机会。

### 人工智能、5G与物联网时代的中国产业革命

果然，比利时贝尔一听说中国打算引进S1240，立刻就兴奋起来——自己这台产品技术水平并不比其他竞争对手先进，还在实验室阶段，而竞争对手的产品已经在美国和欧洲开始商用，S1240很可能根本没有市场应用的机会就胎死腹中。此时，突然冒出来中国这样一个大市场，愿意承担技术不成熟的风险，负责给人给钱给地建设工厂把实验室产品产业化，这种千载难逢的机会哪里找？

经过艰苦的谈判，比利时贝尔和比利时政府最终还是答应了中国政府关于技术引进和外汇贷款等方面的条件。双方在中国上海共同设立上海贝尔公司，合资建设数字化程控交换机，用于中国的大规模电话网络建设。邮电部从全国邮电系统抽调了数百名高级技术人员进入上海贝尔，参与S1240的国产化研制。国内的邮电设备制造企业也被迫放弃纵横制整机生产，转型为给上海贝尔的数字化程控交换机做零部件配套。此外，3微米的集成电路生产线也开始建设，将中国的集成电路制造水平拉高了一个档次。

这样，中国在改革开放刚开始，就从机械式跳过纵横制，直接上马世界上最先进的数字化程控交换机，基本上实现了跟欧美电信网络处在同一技术水平上。

上海贝尔的发展在一开始并不顺利。比利时贝尔的技术不成熟，国内配套生产的零部件也经常出现质量问题。很多地方的邮电局叫苦连天，因为高价买回来的新设备老是出故障。但本土生产的好处是维修方便，出了问题中国技术人员能随时从上海出发赶过去解决，国产配件也好找。经过几年的摸索和改进，终于生产出符合要求的数字化程控交换机。

上海贝尔合资生产的事情完成以后，美国朗讯、日本富士通、瑞典爱立信等，原来坚决拒绝与中国合作发展数字式交换机的巨头企业，纷纷改变姿态，来中国搞合资。上海贝尔一度被搞得很狼狈，竞争不过这些跟着挤进来的国际巨头。中国政府考虑到比利时贝尔在关键时刻给予的帮助，在合同义务以外，又追加投入了很多资金和人才，并要求地方邮电部门优先购买上海贝尔的产品，这才帮助它走出了困境。

技术方向和设备问题基本解决了，接下来的主要问题就是缺少资金。

1980年，国家决定从战略高度大规模发展电信事业，将邮电通信定位为"国

民经济的先行",邮电部下面单独设立了电信局,主管电话和无线通信,并要求电信基础设施建设要比国民经济提前发展、更快发展。决定投入更多的资源来发展电信事业,一方面加大财政拨款支持力度,将邮电部门的利润和外汇收入自留比例从原来的60%～80%统一提高到90%;另一方面,改革电信体制,允许通过各种服务收费方式来为电信基础设施投资提供资金。后者很快成为电信建设经费的主要来源。

随后,国务院出台了电话初装费政策,将电话安装从审批制改为收费制。以前装电话不要钱,但需要行政审批,只有企事业单位才能装。初装费政策出台以后,任何人都可以申请在自家装有线电话,每台几千块钱。这个钱就叫"初装费",这比一台有线电话机的成本高得多。多出来的部分,国家就拿来用于建设电信网络——就跟现在高速公路收费用来再投资建设新的高速公路道理一样。

当时,中国普通城镇职工的工资才300块钱左右,装一台电话就要花掉一年的工资。即便如此,民间装电话的热情仍然极高。为了享受即时通信的便利,经济条件稍好的家庭都纷纷掏钱安装。装电话的人太多,技术人员忙不过来,好多人交了几千块钱初装费,还要等几个月甚至一年才能装上电话。当时电信部门内部有个专有名词,叫"待装户"。待装户人数严重积压,成为各地邮电局普遍面临的问题。

初装费这么高,有几个原因。首先是之前的电话网络不健全,好多地方要新建交换基站,投入成本高;其次就是程控交换机等核心设备我们不能完全自主生产,合资生产的成本也很高,从国外进口就更贵。1986年,国家专门出台政策,电信设备进口免关税,给电信部门减轻负担。

后来,随着电信网络基本架设健全,以华为、中兴等为代表的国产通信设备制造企业的崛起,实现了对国外设备的低价替代,初装费才开始逐步降低。1996年,电信设备进口免税政策取消。1999年,初装费也被取消。

有人估算,电话初装费为同时期的中国电信基础设施建设提供了大约三分之一的资金。

## 2. 2G 制式的 GSM 与 CDMA 之争

比利时贝尔从跟中国的合作中大赚了一笔。中国也因为跳过纵横制直接上马数字化交换机而节约了大量投资，加快了电信网络发展。至 2000 年底，上海贝尔累计实现销售收入 500 余亿元人民币，上缴税金 86 亿元人民币。这是一次标准的双赢。

但从更广阔的时空来看，这次合作成功的意义远不止如此。中国因此跟欧洲电信企业建立起来了比较良好的合作关系，双方都看清楚了，欧洲有中国需要的技术，中国有欧洲需要的市场和产业化基地，加强合作是必然的。

中国在将有线电话网络干线建设基本完成以后，很快便开始部署无线通信网络。在 1G 时代，美国是当之无愧的霸主。现代无线通信技术最早由美国的贝尔实验室发明，商业化应用最早由美国的国际电话电报公司推动，各项标准也都是由美国企业制定的。欧洲也处于弱势地位。中国在改革开放后也引进了一些 1G 设备，但投入力度不大，只在中心城市有少量基站。

当时的手机跟砖头一样又大又沉，一台要两万块钱左右，被称为"大哥大"。它是新兴富豪们的身份象征，只有在大中城市信号好的地方才能实现无线通话。

西欧各国在"二战"以后大力推动欧洲一体化。在一体化事业推动下，欧洲各国也联合起来发展电信事业。1982 年，欧洲邮电委员会建立移动专家组，联合欧洲各大通信企业一起研究新一代的无线通信标准。在政府和企业的联合推动下，2G 时代欧洲有了自己的无线通信标准 GSM，并在 1991 年正式投入商业运营，与美国公司制定的 CDMA 标准抗衡。

2G 和 1G 的主要区别是 1G 是模拟信号，2G 则是数字信号；1G 只能通话，2G 则具有了发送文本信息的功能——也就是短信。此外，2G 在信息传输速度和容量方面也大大加强了。

欧洲和美国的官员、企业家都知道电信网络标准的重要性，谁赢得标准之争，谁就能在未来的电信产业发展中占据上风。在欧洲内部，一律用 GSM 标准；在美国，则一律用 CDMA 标准。GSM 标准相对要更成熟稳定一些，CDMA 标准信道容量更大一些，双方各有优劣。

在这种情况下，自己没有技术标准，但拥有庞大市场的中国就很有发言权了。中国用谁的标准，谁就能更好地占据中国市场，谁就能在 2G 标准之争中占据上风，获得更多的利润。

由于在程控机方面的长期合作，中国在决定大规模建设 2G 无线通信网络的时候，没有再出现纵横制和数字式的那种激烈争议，而是很坚定地选择了欧洲标准。

1994 年，除邮电系统以外，原机电部、电力部、铁道路将其自有的通信网络整合了起来，成立了中国联通公司，作为中国电信事业引入竞争机制的一种尝试。联通公司刚成立几个月，就宣布引入 GSM 标准建设 2G 网络。邮电部也迅速跟进，宣布在 50 个城市建设 GSM 网络。2G 技术比 1G 先进，建设成本相对也更低，通信费、手机的价格都大大地降低了，带动了手机进入老百姓的日常生活。中国的移动通信市场很快就出现了爆发性增长。

由于中国采用了 GSM 标准，美国的 CDMA 标准受到冷落，这令欧洲电信企业大获全胜。诺基亚、爱立信、阿尔卡特等欧洲电信商迅速占领了中国市场，一方面向电信部门销售通信基站，一方面向消费者销售其 2G 手机。中国的手机市场，几乎完全被欧洲手机品牌占领。诺基亚一举成为全球通信业的霸主。它的 1100 型手机在全球累计销售超过 2.5 亿台，在中国就销售了超过 1 亿台。诺基亚 1100 也成为人类有史以来销量最大的一款手机，其纪录至今仍未被打破。

在 2G 大战中被打晕了头的美国很快醒悟过来，认识到中国市场的影响力。在中国谋求加入世界贸易组织（WTO）的谈判中，美国人就拿通信标准开价，将中国支持 CDMA 标准应用作为中国入世的条件之一。中方同意了美国的要求，由中国联通在其现有的 GSM 网络基础上再建一套 CDMA 网络。这为中国加入世界贸易组织铺平了道路。不过，对美国而言，这也就是个亡羊补牢的举动——CDMA 在 2G 时代的整体弱势地位已经无法挽回。

3. 美欧夹缝中的 3G 中国标准

在 2G 时代尝到了"团结就是力量"甜头的欧盟自然想要再接再厉，所有的欧洲企业再次联合起来，推出了世界上第一个 3G 标准——WCDMA。

## 人工智能、5G与物联网时代的中国产业革命

1999年,国际电信联盟在伦敦开会,欧洲通信巨头们一致要求3G时代全世界只保留一个国际标准,不再搞几个标准。他们的理由是单一标准方便基础设施建设和全球互联互通之类冠冕堂皇的话,但背后的图谋路人皆知:美国在3G标准方面落后了,只用一个标准就意味着欧洲标准将一统天下。欧洲电信巨头势力强大、技术领先,美国在通信领域最有力的盟友之一——日本这一次也决定跟着欧洲走,采用欧洲标准。

这个时候美国就慌了——欧洲电信巨头们这是要把美国竞争对手往死里整。会议期间,美国代表到处拉票,寻求各国电信企业的支持,反对统一标准。中国作为世界上最大的单一电信市场,发言举足轻重,美国当然也要寻求中国的支持。

中国方面很快就表明态度:可以支持美国的CDMA2000标准,但条件是美国也要支持中国的3G标准。

一年前,在国际电信联盟向全球征集3G标准的时候,中国和美国都提交了自己的3G标准,美国的叫作CDMA2000,中国的叫TD-SCDMA。在美国人看来,中国的3G标准属于纸上谈兵性质,只有一个技术框架,没有任何产业基础,不可能对美欧争雄的格局构成威胁。因此,对中国提出的"交换条件",美国方面立刻同意了。

第二天再开会,中国代表就发言,说3G技术并不是非常成熟,各国的标准都有一些特殊的价值,统一标准会影响技术发展,不赞成搞统一标准,应该是搞两三个标准。美国方面立刻表示赞成,其他一些跟着美国走的小国也跟着表示支持中国的意见。如此,欧洲想要垄断3G标准的想法就行不通了。在3G国际标准领域形成了欧洲WCDMA、美国CDMA2000和中国TD-SCDMA"三足鼎立"的局面。

欧洲和美国的标准都是从2G技术升级过来的,有实际运营经验和全产业链支持。中国的标准则是纯研究成果,欧美政府和企业都不认为这会是一个威胁。他们不想失去中国市场,非常乐意卖中国政府一个面子,让中国拥有一个空中楼阁般的国际3G标准。

实际上，中国方面对待3G标准的态度相当严肃，对困难也想得很清楚。1997年国际电联公开征集3G标准。1998年1月邮电部在香山会议中心开会，讨论要不要提交中国自己的标准。很多人认为，中国在通信领域的技术积累过于薄弱，提交一个没有产业基础的标准没有意义，最后搞不起来，白白在国际上丢人。

最后，邮电部科技委主任宋元直拍板说："中国发展移动通信事业不能永远依靠国外的技术，总得有个第一次。第一次可能不会成功，但会留下宝贵的经验。我支持把TD-SCDMA提到国际上去，如果真的失败了，我们也可以看作是一次胜利，一次中国人敢于创新的尝试，也是为国家做出的贡献。"

此言一出，一锤定音。中国决定正式提交TD-SCDMA标准。这个标准是由中国邮电科学研究院研发的，拥有独立知识产权，同时也借鉴了德国西门子公司的一些技术成果。中国方面独立研发了智能天线技术，基于这个技术做出来了SCDMA标准，这里的S就是Smart（智能）的意思。在欧洲企业统一标准的过程中，西门子提出过一个叫作TDD的技术构想，是个半成品。诺基亚、爱立信、阿尔卡特这三家却主张采用另外一个被称为FDD的技术标准。经过讨论，少数服从多数，TDD被放弃了。西门子觉得这个半成品反正也没啥用，就送给中国作参考，其中有一些西门子的专利，将来中国要是真的在新3G标准上投入，西门子还能跟着赚点钱。中国把西门子的TDD加以改进优化，再和SCDMA结合，就成了TD-SCDMA。

提交了3G标准以后，中国就一直想办法怎么把一个几乎没有产业基础的新3G标准做实。标准是邮电部电信科学研究院做出来的，主管部门在1998年就把研究院改组成了一家企业——大唐电信，把它作为推动新3G标准产业化的龙头。后来，在国家发改委、科技部以及信息产业部的协调下，大唐电信、南方高科、华立、华为、联想、中兴、中国电子、中国普天等八家知名通信企业组成"TD-SCDMA"产业联盟，签署了致力于TD-SCDMA产业发展的《发起人协议》。

TD-SCDMA前期推动相当艰难，很明显除了中国没有任何国家会实际使用这个新标准，国内实际运营起来问题也很多——新标准技术不够成熟，没有产业基

### 人工智能、5G与物联网时代的中国产业革命

础,什么时候能够实际运营谁也不知道。当时产业联盟内部开会长期提及"五个零",也就是"组网经验为零、运营经验为零、测试体系为零、芯片为零、终端为零"——一切都是从零开始。虽然加入产业联盟的企业数量不断增加,但联盟企业很多都不愿意投入太多的资金来真正支持TD-SCDMA的周边设备研发。

这中间,尤其困难的是运营商的支持。邮电部(后来改组为信息产业部)管着三大运营商,从权力范围来看要求运营商支持没有问题。但运营商毕竟是自负盈亏的企业,3G网络建设需要投入上千亿的资金,巨资建设一张技术并不成熟的3G网络风险极高——网络设备可能经常出故障、网络信号不如欧洲的制式好、手机终端缺乏等问题一定会出现。

市场经济下,政府也不能要求消费者为中国标准买单,花更多的钱却得到更差的体验这是任何消费者都不愿意的。如果市场打不开,新网络就没人用、手机没人买,直接拖垮运营商也是有可能的。

国内质疑的声音很大。很多邮电专家、通信企业也明里暗里发声反对。北京邮电大学的教授阚凯力在3G牌照未发之前,就公开声称TD-SCDMA是"屠龙术",最终会造成运营商倾家荡产。社会传言,TD-SCDMA根本没有核心技术,TD都是德国西门子的东西,而且还是欧洲淘汰的落后技术。至于智能天线,南京邮电大学博士生导师傅海阳教授则干脆认为就是一个"中国式造假"的骗局,是有关专家为了满足领导制定中国标准的虚荣心搞出来的,因为它提出了很多年却始终看不见实物生产出来。后来做出来了,体积很大,又有人说不具有实用价值,无法安装到基站上去;后来进一步研发缩小了体积,又有传言说是为了应付领导检查装上去的,根本没有通电使用……

其实,政府内部的决策程序十分严肃,申请国际标准之前专家论证会就开了很多次。智能天线的技术早就与产业联盟内的几十家企业共享,不可能长期弄虚作假而不被曝光。经过一段时间研发之后,相关部门又让电信、联通、移动各建了一个试运行的基站,验证了确实能用。2008年奥运会期间,中国移动又在奥运会举办区域周边建了一个TD-SCDMA的试运行3G网,专门为奥运服务,整体运行情况也证明:TD-SCDMA是可以大规模投入商业运营的。

最后，承担 TD-SCDMA 全国组网的任务安排给了中国移动。因为中国移动在 2G 时代积累的实力最强，所以让它承担这个最难的任务。联通则选择了美国的 CDMA2000 标准组网，电信选择了欧洲的 WCDMA 标准组网。2009 年正式发放牌照，分配频率，中国正式进入 3G 时代。

新投入使用的 TD-SCDMA 网络一开始果然问题很多，设备经常出故障、智能天线体积太大不好安装，尤其是支持 TD-SCDMA 的芯片和手机产量总上不去，消费者选择空间非常小。"移动公司的网络信号差、上网速度慢"的说法在消费者中间广泛流传。从 2G 到 3G 升级的过程中，大量用户从中国移动流失到了联通和电信。

产业链不支持的一个典型就是 3G 时代最畅销的智能手机——苹果公司的苹果从一代到五代，全都不支持 TD-SCDMA。消费者要想用苹果，就只能用联通或电信的网络，不能选择中国移动。移动在 2G 时代积累了大量客户，有些人为了保持原有联系，舍不得放弃移动的老号码，就出现了很多"一人两台手机"的情况：打电话用移动的 2G 手机，上网、发微信、玩游戏则使用支持联通和电信信号的智能手机。

不过，移动还是坚持持续推动 TD-SCDMA 组网。第一批和第二批组网设备用的是大唐电信的产品。大唐电信是从研究院改制过来的，制造水平始终上不去，前两批设备故障比较多。后期华为、中兴等老牌市场化企业的设备做了出来，性能改进非常明显。手机芯片和手机终端的制造能力也慢慢地提高了，除了苹果手机以外，几乎所有在国内销售的智能手机都有了支持 TD-SCDMA 的版本。

从 2011 年开始，TD-SCDMA 用户开始快速增长。3G 牌照发放的前两年，2009 年和 2010 年，移动总共才获得了 2000 万用户。2011 年一年，就新增了 3000 万，总数达到 5000 万。2013 年 2 月，用户数突破一亿，占全国 3G 用户总数的 40%。2014 年，突破 2 亿，占全国 3G 用户总数的 47%。也就是说，TD-SCDMA 已经相当于联通的 CDMA2000 和电信的 WSCDMA 用户数的总和，占据了全国 3G 用户的半壁江山。

从通信设备、芯片到手机终端的全产业链发育成熟，众多国产设备和手机制造商趁机崛起。TD-SCDMA 的中国标准取得了巨大的成功。

4. 中欧标准战胜美国 UMB 和 Wimax

3G 时代，从国内来看，中国标准取得了胜利。但是，从国际市场来看，美国才是最大的赢家。因为 3G 相对于 2G，最大的区别是可以高速上网。在 2G 时代，无线通信还是有限电话的延伸，语音通话为主，辅以短信，对手机的整体性能要求不高。到了 3G 时代，手机成了智能终端，上网看网页、视频、刷微博、搜索、玩游戏等需求爆发式增长，这就对手机的操作系统、芯片、屏幕反应等提出了极高的要求，也就是出现了新一轮的"创维竞争"。欧洲在 2G 通信时代积累的技术优势就不够用了，美国在芯片、软件操作系统等方面的传统优势"跨界"进入了手机通信领域，获得了巨大的竞争优势。

3G 时代的美国优势体现在两个方面。第一是苹果和安卓崛起，用支持手指触摸的电容屏取代了用电子笔触摸的电阻屏，苹果的 IOS 和谷歌的安卓操作系统彻底取代了各种老旧的手机操作系统。2G 时代的全球手机霸主诺基亚在苹果和安卓的冲击下迅速衰落，最后不得不将其手机业务整体卖掉，专心做通信设备。第二是高通公司的崛起，它在 CDMA 领域的专利数量巨大，一手收专利费，一手卖 CDMA 技术的芯片。全球三大标准 TD-SCDMA、WCDMA 和 CDMA2000 里都有 CDMA 四个字母，因为都有高通的专利技术。全世界的智能手机，每卖出去一台，就要向高通支付占手机价格大约 5% 的专利费。很快，高通公司便超过传统电脑领域的芯片巨头英特尔，成为全球最大的半导体公司。

在这样的背景下，从 3G 到 4G 过渡的阶段，美国就打起了当年欧洲在制定 3G 标准时的主意——让美国标准成为全球唯一的 4G 标准。

高通公司率先提出全球首个 4G 标准 UMB，想要在全世界推广。欧洲和中国一看，这个 UMB 标准基本就是把原来 CDMA 中的高通专利全部拿过来，然后把其他专利踢掉，改成高通新研发的各种专利。在 3G 时代，全世界的制造商都被高通的专利费压迫得厉害，通信界为此还专门发明了一个新名词叫"高通税"。如果 UMB 成了 4G 唯一标准，那 4G 时代全世界的通信行业厂商就都变成给高通公司打工的了。

如此背景下，中欧等各国通信厂商空前联合了起来，坚决拒绝了UMB，不给它生产任何用于测试的设备，也不提供试运营。连美国公司也不愿意配合。高通公司就是一个纯研发设计企业，自己没有生产制造的能力，失去了运营商和制造商的支持，UMB很快就胎死腹中。

UMB标准被否决以后，美国方面又新提出来一个Wimax。这一次声势浩大，由芯片巨头英特尔牵头，IBM、摩托罗拉以及北美一些运营商纷纷跟进。在美方的运作之下，Wimax硬是违反国际惯例，在3G标准已经敲定多年以后，被强行塞了进来，占了一段无线频谱，成为新的第四个3G标准。理由是Wimax可以无缝升级到4G。美方的计划是在3G建设时期就把Wimax放进去，获得稀缺的无线电频率资源，然后直接升级到4G，抢占4G的领先地位。

Wimax提出的时间是2007年，当时中国还没有开始3G组网。美方就先向他们认为三大标准中最弱势的中方喊话：放弃TD-SCDMA组网，转投Wimax阵营。他们声称，Wimax的速度和带宽都远胜TD-SCDMA，而且有美国庞大的电子信息产业链支持，芯片价格只有TD-SCDMA芯片的十分之一，还可以无缝升级到4G。

国内大规模质疑TD-SCDMA的声音也就是在这个时期出现的，实际上也是对美国推广Wimax标准的一种呼应。包括北京邮电大学阚凯力教授在内的多位业内专家在2007年前后，曾公开表示："与以前的3个3G标准相比较，Wimax的带宽至少高两个数量级，而Wimax的成本至少比其他3G标准低两个数量级。并没看出TD较之Wimax有任何的优势，没有运营商愿意选择TD标准，为什么不用更好的更先进的技术（Wimax）呢？"

但中方决策层最终还是顶住了压力，坚持推进了TD-SCDMA，而且和欧洲方面联合，提出了新一代4G标准方案：LTE。基于LTE，欧洲继续用它的FDD，中国继续用TD，这样就形成了新的两大4G标准：FDD-LTE和TD-LTE。中国方面也宣布，将朝着TD-LTE的方向进行4G升级，所有TD-SCDMA用户都可以在不换卡不换号的情况下直接升级到4G。

LTE和Wimax的标准对决，一方面是中欧联合对抗美国，一方面也是通信企业联手对抗来自电子信息产业的跨界挑战。LTE使用了大量来自3G和2G的无线通信技术，而 Wimax 则主要来自传统的电脑局域网 WiFi 技术。

在这中间，高通公司的态度起到了比较关键的作用。一方面它是一家美国公司，似乎应该支持美国企业主导的标准；但另一方面它的专利技术主要集中在通信领域，而不是传统电子信息领域，LTE 中包含了大量的高通专利，而 Wimax 则没有多少高通专利。这就意味着如果 4G 采用 LTE，它还可以继续收取很多专利费，而如果升级到 Wimax，它就没什么专利费可收了。

高通公司一开始试图和英特尔谈判，往 Wimax 里塞进去一些它的通信专利。但谈判最终还是破裂了，高通公司宣布：它所有的芯片都不会支持 Wimax。高通是手机芯片的行业龙头，而英特尔是以电脑芯片为主的，在当时它并没有预见到智能手机会崛起，所以根本没有重点发展手机芯片。就这样，在全球大规模上马 3G 的时候，Wimax 陷入了没有可靠芯片支持的尴尬境地，美国自己的 3G 网络也还是以 CDMA2000 为主，没有主推 Wimax。

由于缺乏产业链支持，Wimax 的形势急转直下。网络设施跟不上、芯片供应跟不上、产业链发展严重不足，Wimax 阵营开始瓦解。澳大利亚最早部署 Wimax 的运营商首先发声，在国际会议上痛骂 Wimax，室内覆盖区区 400 米就不行了，时延竟然高达 1000 毫秒。

到了 2010 年，Wimax 标准的最大支柱英特尔终于撑不住了，宣布解散 Wimax 部门。这标志着 Wimax 标准彻底溃败，LTE 成为 4G 主流标准已无疑问。

UMB 和 Wimax 标准的先后溃败对美国及其盟友的通信产业打击很大。4G 时代中欧掌握了标准，华为、中兴、诺基亚、爱立信成为全球通信业的四大巨头。国产手机品牌华为、荣耀、小米、vivo、OPPO 等纷纷崛起并走向世界。加拿大的北电网络曾经是其国内最大的电信企业，因其孤注一掷发展 Wimax 而陷入严重亏损，被迫在 2009 年申请破产保护，加拿大从此在电信领域失去了国际竞争力。

美国电信业巨头摩托罗拉也因连年亏损而被中国联想收购。只有高通在 4G 时代活得风生水起，继续销售芯片和收取专利费。

进入 5G 时代以后，在产业链和标准制定上占据优势的中国企业，其专利数已经大大超过高通以及美国其他公司，华为的海思芯片等也开始与高通的骁龙芯片并驾齐驱。

5. 占据5G技术高点：TD与智能天线

进入4G时代，随着美国标准被淘汰，中欧之间的标准竞争开始。北京邮电大学教授阚凯力又撰文《"TD式创新"祸国殃民》，他在文中质问："为什么中国的4G不采用世界主流的FDD-LTE，而要采用仅占世界份额不足十分之一的TD-LTE？为什么不但中移动要用TD-LTE，中联通、中电信这两家根本不要求上4G的运营商，也必须耗费巨额资金、立即开始铺设TD-LTE网络？"

阚凯力再次预言，如果上马中国自己的标准，那么"运营商和消费者都将受到长期的损失"，而用行政力量扶持起来的制造商则注定会没有市场竞争力。

这篇文章再次引发了激烈的社会讨论。不过这一次，政府决策并没有受到很大影响，中国移动很快就上马了TD-LTE，中国联通和中国电信则采用了TD和FDD混合组网。最后，市场竞争的结果是：中国移动大获全胜。

2014年4G开始组网的时候，中国移动3G用户的数量是2亿，跟中国电信加中国联通之和相当。到2019年6月底5G上马的前夜，中国移动客户总数已达9.35亿，其中4G用户数已达7.3亿。比中国电信（3.2亿）和中国联通（2.4亿）的用户数加起来还多了1.7亿。

在5G标准制定的争议中，TD占据了绝对优势，欧洲的FDD从5G标准中几乎完全出局。此外，之前被南京邮电大学傅海阳教授质疑为"造假"的智能天线技术，也在5G时代大放光彩，其核心技术"波约束"成了5G的关键技术。3G时代中国标准制定中研发的技术——TD和智能天线成了中国移动占全世界5G国际标准立项数第一的关键原因，同时也是包括华为在内的中国企业能够在5G专利和5G标准中取得国际领先地位的重要原因。

事实证明，中国最初选择TD和智能天线技术作为中国3G标准的关键技术特征，是相当具有远见的，既不是造假，也不是为了捡便宜而用别人淘汰的技术。

为了说明这个问题，我们简单介绍一下TD和智能天线技术。

TD和FD（或TDD和FDD），一个叫时分模式，一个叫频分模式，都是解决信号传输的手段。无线通信的信号分为两类，从基站到手机传输称为"下行"或者"下载",从手机到基站传输称为"上行"或者"上传"。FD要求信号上传和下载分为两个通道,两个通道是一样宽,也就是完全对称;TD则将信号的上传和下载合成一个通道,其传输信息的量可以不一样,也就是非对称。为了方便理解,我们可以将TD称之为"非对称模式",FD称之为"对称模式"。其区别可以从图4看出来。

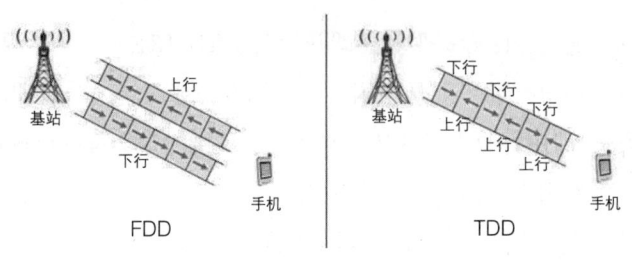

图4 TD与FD的区别

从第一印象直观来看,感觉似乎TD非对称的方式更好,因为上行信号和下行信号并不总是一样的,如果总要求对称,可能造成信息传输通道资源的浪费。一般来说,手机从基站下载的信息比较多,尤其是浏览网页、看视频等;而往基站传输的信息量比较少,主要就是发微信打电话。如果用FD对称模式,下行通道会很拥挤,上行通道又会很空。如图5所示。

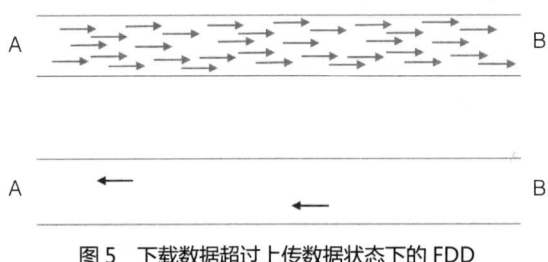

图5 下载数据超过上传数据状态下的FDD

反之,如果用TD非对称模式,下载的数据包可以大一点,上传的数据包就搞小一点,信号通道资源就可以得到更有效的利用。如图6所示。

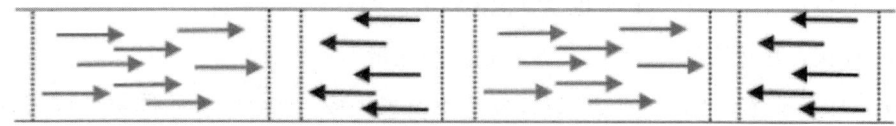

图6 下载数据超过上传数据状态下的TDD

但是,欧洲企业在商量3G标准的时候,还是选择了FDD,这有他们的考虑。首先,欧洲的企业在GSM的2G时代获得了竞争优势。2G模式只能打电话和收发短信,打电话总是你说一句,电话另一头回你一句,发短信也是一样,收一条发一条。这种情况下,上行数据和下行数据量基本就是对称的,用双通道对称模式更方便。用TD非对称模式,那就要新建一套信号管理系统,负责分配信道资源——也就是在后台计算每次通信需要多少时间用来下载、多少时间用来上传。

这种分配的技术难度很高,而且在2G时代基本是完全没有用的。在3G标准选择的时候,欧洲企业也认为用处不大,因为3G的传输量也不是很大,虽然可以预计浏览网页会带来不对称的问题,但综合比较,对称带来的信道资源浪费,比搞不对称模式所新建的信道控制系统占用的资源还要少一些。经过研究,欧洲电信巨头们认为没有必要放弃GSM时代搞得很成熟的对称模式,新建一套TD系统,因此选择了FDD。

但事实证明,欧洲人过于保守和目光短浅了。随着3G技术进步,并进一步发展到4G、5G,数据传输数量越来越大,上传和下载的数据不对称情况越来越多。技术越进步,非对称的TD就越好用,而FDD的对称通道就越不好用。

TD技术一开始确实是西门子做出来的框架,但那只是一个思路和半成品。中国拿过来以后经过研发改进,才让它成为一个成熟的技术,并在此后二十年间不断运用和完善,到今天已经是一个由中国技术所主导的标准了。

同样的故事也发生在智能天线领域。

传统的天线,信号同时向四面八方发射。而智能天线(也就是TD-SCDMA中的那个S,Smart Antenna),就是让天线可以根据手机等终端的信号方向自动集中无线电波,这样可以大大提高信号的利用效率,还可以有很强的抗干扰能力,其核心技术叫作"波约束",也就是把无线电波约束到某个方向。

在接入基站的手机数量比较少、信息传输量不多的情况下,智能天线技术跟TD一样,没什么大用。在3G时代发挥不出来优势,而且一开始体积还特别庞大,架设智能天线几乎就是多此一举。但随着技术进步,智能天线的体积被不断压缩,具备了很好的实用性。到了5G时代,要求极大的信息传输量和天量的物联网终端接入,智能天线的好处就体现出来了。可以说,如果没有在智能天线技术基础上发展成熟的波约束技术,5G根本就没法用。

回顾这段历史,我们只能说:中国专家和中国通信主管部门在研究制定3G标准时候的远大目光令人震惊。要知道,TD-SCDMA的标准是在1998年制定的,而5G标准到2018年才基本敲定,中间隔了二十年,隔了一个4G标准以及多次大国博弈和企业巨头技术竞争。

进入5G时代以后,各国运营商和制造商达成了一致意见,5G将不再有不同的国家标准,只有统一的技术标准。在这个标准中,谁的细分标准和专利更多,谁就占有更有利的地位。大国直接围绕标准进行博弈的情况在5G时代不会重现。而中国在这个时代来临之前,利用3G和4G标准的国别区分,培育起了拥有强大建设运营能力和技术研发能力的运营商和制造研发产业链,为中国企业在5G的专利和标准方面居于世界领先地位创造了良好的条件。

6. 赢在实力:博弈背后的中国奋斗

大国博弈的过程非常精彩,但在这种级别的博弈中,合纵连横只是表象,最终决定谋略效果的还是实力。中国的通信标准和通信产业之所以能在欧洲和美国的夹缝中找到生存发展空间,关键还是我们有全世界最大的统一电信市场和过硬的研发制造能力为支撑——靠实力说话,人家才会把你的意见和利益诉求当回事。

至于全世界最大的通信市场,也并不是白来的,不是简单地依靠人口数量堆出来的。相较而言,印度也有十亿人口,但它没能用有线和无线的电信网络把大部分人口连接起来,有效市场容量远远比不上中国。恰恰是中国的工程建设者们将十几亿人的潜在市场变成了真正互联互通的有效市场。

20世纪80年代初，在解决了电信网络主要节点用纵横制还是数字化交换机的问题以后，又一个技术争论被摆上了台面：国家大规模骨干网建设用电缆还是光纤？

争论的前提跟交换机也很类似：国内通信电缆的技术已经成熟，产业配套也很完善，而光纤技术是国际上兴起不久的新技术，成本低速度快容量大，具有革命性意义。但是一方面国外的应用也不够成熟，另一方面，国内基本没有产业链支持。

最后还是侯德原副部长拍板，优先选择光纤通信。原因也和用数字化程控交换机类似：第一，骨干通信网络对国民经济太重要了，建设之后要用几十年，不能为了等待国产电信产业的配套升级而降低网络建设标准；第二，电缆要大量用铜，而铜是战略性资源，国内存储量并不高。输电用电缆需要大量用铜，电信网络如果也用铜电缆，就会跟电网抢资源。光纤说白了就是高技术玻璃丝，主要原料是二氧化硅。硅是地壳中含量最高的物质之一，遍地都是、价格便宜。能用光纤，肯定比用铜电缆好得多。

就在邮电部领导对如何解决光纤通信技术头痛的时候，武汉传来了好消息：武汉邮电研究院通过自主研究突破了光通信的关键技术，已经架设了一条可以使用的市话光缆。

武汉邮电研究院的前身是1951年成立的中南邮电学院，1953年改名为武汉邮电学院，1969年改组为邮电部528工厂，1974年又改组为武汉邮电研究院。

1966年，英国华裔科学家，出生于江苏昆山的高琨发表了《光频率介质纤维表面波导》的论文，开创性地提出光导纤维在通信上应用的基本原理。受此文的影响，国外很快掀起了研究光纤通信的热潮。1973年，武汉邮电研究院的赵梓森在湖北省图书馆里仔细阅读了这篇论文，意识到光纤通信的重大意义。在没有其他国外资料参考，也缺乏设备的情况下，他就带着几个同事，开始尝试制作光纤。

制作光纤是一个危险的化学过程，随时都有爆炸和中毒的危险。在一次试验中，四氯化硅从管道中溢出，生成的氯气和盐酸冲进赵梓森的眼睛和口腔，他的

**人工智能、5G与物联网时代的中国产业革命**

眼睛肿得只剩一条缝，口腔也直淌黄水。同事们强行将他送进医院，结果伤未痊愈，他又回到了试验室。

经过一次又一次的失败和挫折，赵梓森和同事们历尽千辛万苦，攻克了一个又一个的技术难关，于1979年制出中国第一根具有实用价值、每千米衰耗只有4分贝的光纤。此后，武汉院又用几年时间搭建了实验性质的光通信线路。

图7　1977年在武汉邮科院赵梓森（左二）与同事讨论石英玻璃熔炼

关键时刻，这个长达十多年的艰苦科研攻关成了中国通信骨干网建设的救命法宝。邮电部决定在1986年6月实验性建设从武汉经荆州到长沙的光缆通信网。经过一年多的努力，终于在1987年12月成功建成开通。1987年10月，规划中的第一条实验性骨干网——南京到武汉线路终于开工建设。

1990年，宁汉线成功开通，证明光纤建网没有问题，邮电部才正式对外宣布，以后骨干网全部用光纤，不再使用铜电缆。随即铺开了著名的"八横八纵"建设工程，将整个中国用光纤骨干网联通起来。

1991年，骨干网中最重要的一条线"南沿海"工程开工。这是一条连接江苏、上海、浙江、福建、广东沿海的电信大通道，这些省份是中国经济的精华所在，也是对通信需求最迫切的地区。在沿海各地的压力和催促下，邮电部下了死命令，1991年底动工，1992年必须开通，2800千米的骨干网建设只有1年时间。

1991年10月，在中国通信建设总公司的统一指挥下，来自全国各地建设公司的42个施工队、3000多名职工，加上一万多名工人，从四面八方挺进沿海，开始"南沿海大会战"。上万名施工人员在数百个工地同时动工，各种资金、材料、后勤需要统筹协调，很多设备还涉及国外厂商和海关检验，南方地区既多山又多河，很多具体的技术难题需要及时解决，征地、挖沟、放缆、连接、测试、装机、调试各个步骤必须按部就班。为了减少农民损失，很多地方要等农作物收割以后再施工，而同一个地区山地和平原的农作物成熟时间还不一样。浙江为了加快建设进度，副省长主持大会宣布，建设所涉及的土地征用由省土地局一个章审批，全省通用，不需要各个地市县其他部门审核。

在各方面的共同努力下，南沿海工程以最快 100 千米 / 天的速度迅速向前推进，有时一个晚上就把两座城市联通。最后，2800 千米的光缆，只用了 88 天就铺装完成，而整个工程从开工到投入运营也只用了 1 年零 26 天——创造了人类通信建设史上的奇迹。

1992 年底，"南沿海会战"刚刚结束，这支队伍战袍未脱，浩浩荡荡地又从南部沿海奔赴秦岭山区，连通西安和成都之间的通信线路。这条线路全长只有 1081 千米，但沿途千山万壑、地势险峻，不仅要翻越秦岭、大巴山等大山，还跨越涪江、渭水等数十条大河，沿线桥梁、涵洞、水田不可计数，其中仅坚石路段就高达 60% 以上。

秦岭的崇山峻岭很多地方人迹罕至，各种线缆设备等都只能肩挑背扛，高山上天气变化无常，随时就会从风和日丽变成狂风暴雨，还要面对缺氧的高原环境以及沿途的蚊虫叮咬，施工条件不可谓不恶劣。光纤接续是个技术活儿，要在内径 9 微米的光纤上，切出一个误差不超过 0.04 微米的平面，必须专心致志、全神贯注，不能有丝毫抖动，那时一个光缆接头要接四五个小时。在这么长的时间内，施工人员被蚊虫肆意吸血叮咬，也必须咬着牙一动不动。有个技术人员叫熊中伟，在西成线长期施工，全身上下都被咬满了包，并引发了感染，脸肿得眼睛都睁不开，手指轻轻一抓，红色的皮肤就会应声而破。然而，即便这样，他依靠不停地打消炎针，硬是坚持了三个多月。

等大西线完工，施工队伍又转战东北，在冬天的严寒中开打"辽沈战役"，逢山开路，遇水架桥，清雪、清冰然后才能清除土石。有时候在河流里放水线，为了保证埋放深度，施工技术人员要踏进冰冷刺骨的河水里，边检查光缆深度、边将光缆踩入河底，冻得浑身发紫。在山岭农村地区，后勤运输条件跟不上，辛苦一天的工人们穿着湿透的衣服回到驻地，也往往只有米饭和大白菜可以充饥。

但真正艰苦的还在后面。到了大西北，青藏高原、新疆戈壁滩这些地方，要架设线路，单靠普通工人的吃苦耐劳精神也无法解决问题了，很多地方必须由军

## 人工智能、5G与物联网时代的中国产业革命

队顶上。1994年,兰州军区的两万名解放军战士参加了西北地区骨干网的建设。在高原上施工,有一个特别的规定:每天晚上巡视人员都要每隔两个小时叫醒一次正在睡觉的施工人员,为了防止他们因为过于疲劳和缺氧而直接在睡眠中窒息死亡。尽管采取了诸多方法措施,还是有多名战士在建设过程中不幸罹难。经过八年的奋战,"八横八纵"骨干网建设终于在1998年12月31日建设完成。这是一张全世界覆盖范围最广、覆盖人口最多的通信网络。

1999年,决定3G标准的国际电信联盟会议召开的时候,中国刚刚完成"八横八纵"骨干网建设。会上,代表中国表态反对欧洲统一3G标准的是个年轻的小姑娘,她一开口,各国的代表都屏气凝神地认真听。她一讲完,美国代表就带头鼓掌,欧洲代表则垂头丧气——不是因为她口才好、英语流利,而是在她背后有这样一张庞大的通信网以及它连接起来的十亿人口的有效市场。千军万马,苦战八年,才换来这决定中国通信产业命运的一瞬间。

7. 强有力的手:电信运营商的拆分与重组

所谓"自助者天助之",一个国家的命运主要靠自己奋斗,但也要考虑历史的进程。中国电信产业的成功,一方面靠自身的努力,另一方面也跟整个全球电信业发展中的各种机遇密切相关。作为一个后发者,一方面可以学习先进国家的技术,另一方面还可以借鉴先进国家的教训,少走弯路。

2G时代,美国从曾经的电信业霸主的地位上掉下来,便和这种先行探索者在未知领域走了弯路有关。中国则一手学习经验一手回避教训,从中获得了弯道超车的机会。

电信运营是高度规模经济的产业。其规模经济的程度之高,在其他产业的发展历史上还从未出现过。即使是铁路、公路、电网等公认的规模经济产业也不能与之相比。电网会受到传输电压衰减和传输损耗的困扰;铁路和公路的运输成本也会随着运输长度的增加而增加;电信网则不会有这些担心,一旦网络建立起来,跨越整个地球通信联络和一个小区内部互相打电话的成本差别不大。因此,电信网络的范围架设得越广泛,它所产生的经济效益就越大,人均使用成本就越低。而一旦巨型网络建设完成,后来的竞争者几乎没有机会。可以说,它是一种

天生就带有垄断性质的产业。

1G 时代，美国电话电报公司（AT&T）雄霸全球，是世界上最大的电信企业，也是美国最大的企业。它几乎控制了整个美国的有线和无线通信网，还以此为依托控制了电信设备的生产制造，其营收超过了 IBM、美孚石油、洛克菲勒这三家排名第二、第三和第四大美国公司的总和，是当之无愧的巨无霸。从技术和成本上都看不到有任何竞争者能挑战其在电信领域的垄断地位的可能性。

当一个企业大到这种程度以后，一定会遭到美国政府的反垄断调查。反垄断本身是没错的，它是政府的"有形之手"对市场缺陷进行干预，确保市场经济有效运转的必要手段。但它被运用到电信领域的时候，需要特别小心。因为全国一张网会带来巨大的便利和效率，贸然拆分可能带来严重的负面影响。

对刚刚兴起的通信产业，美国政府在这方面缺乏必要的经验。在 1984 年，AT&T 公司被美国政府以反垄断的名义强制拆分，分成了八家独立运营的企业：一家负责全国长途电话业务，另外七家则分别占据七个大区域，负责本区域的非长途电话网。

"1+7"的拆分模式不仅将 AT&T 拆分成了八家公司，关键是将美国的电信网络拆分成了八张网——这对美国的电信事业打击极大。七家区域公司在自己的区域内其实还是垄断企业，而长途电话业务也继续垄断。也就是说，这种拆分方法主要只是起到了削弱电信企业实力的作用，却没有起到消灭垄断的作用。

受这个拆分方案的影响，美国电信事业一蹶不振。正巧在这段时间，欧洲积极推动一体化，联合电信企业建设统一的电信网络，推动统一的通信标准，这才在 2G 时代将美国反超。经过十多年的发展，AT&T 这些被拆分的公司又重新兼并重组，再次形成一家统一的 AT&T 公司，其电信事业才缓过劲来。

中国政府在处理电信事业的垄断与竞争关系方面，就充分吸取了美国拆分 AT&T 的教训。中国的电信网络刚开始都是由邮电部统一组织建设的，后来政府机构改革，中央决心将建设运营这种带有经营性质的职能从政府部门分离出去。1988 年，成立了中国电信，作为一家国有企业来负责电信网络的建设和运营，有线电话和无线通信都由它负责，是国内实际上的垄断运营商。这种一家垄断的局

### 人工智能、5G与物联网时代的中国产业革命

面,有利于统一力量建设和运营电信网络,但也存在缺乏竞争、不思进取、效率低下的问题。在市场化改革的思路指导下,政府也意识到仅仅依靠行政命令和人事变革来提高效率和推动创新是不行的,必须引进市场化竞争机制才能解决问题。不过,为了避免美国拆分 AT&T 带来的惨痛教训,中国电信一直没有被拆分。

经过长达六年的研究论证,中央最后决定,不拆分中国电信,而是采用扶持新竞争对手的方式来打破垄断。其方法就是把原来铁道系统、电力系统的专用电信网络以及一部分军队系统的通信网络,拿出来组合成一张新的民用电信网,跟中国电信竞争。

1994 年,原电子部、铁道部、机电部共同组建中国联合通信有限公司,也就是中国联通。联通公司享有长话、市话、无线和电信增值业务的综合运营权,与中国电信展开全面竞争,并统一归邮电部监督管理。

中国联通的成立,是一个里程碑式的事件,标志着中国电信业基本业务结束了独家经营的状况,开始引入竞争。

不过,中国联通的实力还是太弱,对中国电信一家独大的格局影响不够大。1999 年,中央政府又决定把移动通信业务从中国电信分出来,单独成立中国移动。这样,在无线通信领域,中国移动和中国联通两巨头竞争的格局形成。

2001 年,中国电信再次被拆分,将固定电话网络拆成了南北方两个网,北方由新组建的中国网通运营,中国电信只负责南方网络运营。不过,为了避免美国 AT&T "1+7" 的拆分教训,政府同时规定,中国电信和中国网通都可以在全国范围内提供有线电话服务,彼此必须给予同等的网络接入权利。这样,无线通信领域和有线通信领域就都是两两竞争,形成 "2+2" 的市场竞争格局。

随着无线通信的崛起,有线电话的地位衰落得很厉害,在有线领域继续强调反垄断已经没有什么意义了。反倒是中国移动在 2G 时代一家独大的地位让人感到垄断的担忧。在这中间,国家投入巨资和诸多优惠政策扶持中国联通,以确保它的竞争影响力,甚至还把联通和移动的核心高层进行互换调动。到了 2008 年,中央政府再次进行电信体制调整,把在中国加入 WTO 谈判时为了满足美国要求而建的中国联通 CDMA 通信网络移交给中国电信,联通自己继续运营 GSM 网络。

这样，无线通信就成了我们今天熟知的电信、移动、联通三巨头竞争的格局。此后三巨头又分别在 3G 时代用中国标准、欧洲标准和美国标准建了三张 3G 网，并各自升级到了 4G。在这个过程中，三巨头还集体到我国香港上市。这些脱胎于政府部门的机构和人员，通过市场化竞争的洗礼，让三家公司逐步形成了规范的现代企业治理制度。

竞争促进了电信资费的迅速下降、服务水平的不断上升以及网络技术的不断升级换代。各大运营商竞相推出低资费的各种套餐，在促销活动中互相拆台的新闻也时有发生。在保持电信网络规模效应的同时建立有效的竞争机制，确实是一件很考验政府监管智慧的事情，既要尊重技术规律，又要能不断打破利益格局。

事实证明，中国政府在这方面相当有成效。其中，在 3G 时代承担了最重要的责任，为了建设中国 3G 标准付出巨大代价的中国移动在 2017 年成了全世界最大的电信运营商。也在这一年，中国移动牵头提出的 SBA 架构成了国际 5G 组网的统一基础架构，中国移动也掌握了全世界最多的 5G 国际标准立项，成为 5G 组网建设的领头羊。

不过，经历了"1+7"拆分阵痛的美国电信企业也迅速赶了上来。经过不断的兼并重组和监管政策调整，美国又重新形成了 AT&T 和威瑞森两家电信运营商垄断竞争的局面。这两大巨头在 2019 年分别超过中国移动，成了全世界排名第一和第二的电信运营商。对手依旧强大，竞争未有穷期，改革永无止境。

## 二、华为：民营企业草根创业传奇

在企业排行榜上，中国移动和华为公司属于完全不同的两极：一个是占有垄断资源的国有巨头，一诞生国家就把一张完整的全国电信网络划拨给它；一个是拿出个人仅有积蓄从零开始干起的草根民营企业——但它们都为中国 5G 产业的崛起做出了巨大贡献。从中国移动的发展历程看中国 5G，是从上往下看的视角；从华为的发展历程看中国 5G，则是从下往上看的视角。两相对比，是一件很有意义的事。

作为一家民营企业，华为诞生和存在的基本目标当然是赚钱，不过除了这个

### 人工智能、5G与物联网时代的中国产业革命

一般性的目标以外，它的发展还受三股力量的驱动：危机驱动、责任驱动和理想驱动。华为公司在无线通信领域逐步成为5G产业巨头的发展过程，对于中国的市场化企业如何在激烈的商业竞争环境中，集中资源突破核心技术，在"5G + 人工智能 + 物联网"的产业革命时代打造自己的核心竞争力，具有非常重要的借鉴意义。

强烈的危机感、责任感和理想抱负，是华为区别于普通企业的关键所在。

1. 危机驱动：从被迫创业到被迫研发

华为的诞生，就是一次典型的"危机驱动"。创始人任正非44岁的时候才创办华为。电子信息领域有好几个"高龄"创业成功的典范，华为任正非是一个，张忠谋创办台积电的时候56岁，雅各布斯创办高通的时候已经52岁。不过，张忠谋和雅各布斯都是功成名就以后创业，自己就是技术高手，又积累了几十年的人脉、资金、经验，创业是为了满足更高层次的人生追求，创业成功也是水到渠成。任正非创业则是被逼出来的，是走投无路型。

任正非的父亲任摩逊，出生于浙江，毕业于北京的北平民大经济系，是一个很有救国救民理想的人。后来，他随剿匪部队一同进入贵州少数民族山区，筹建了一所民族中学。从此，他长期担任学校校长。

任摩逊和妻子程远昭是在贵州结的婚，二人都是教师，育有二子五女，任正非是老大。靠基层教师的微薄工资养活七个小孩是非常困难的事情，所以，任正非小时候的生活非常艰苦，饿肚子是常事。他后来回忆说，母亲必须严厉地在兄弟姐妹中平均分配食物，任何人多吃一点就可能导致别的兄弟姐妹饿肚子。作为老大的任正非从小就学会了克制自己多吃多占的欲望，与他人分享生存资源。他后来将华为的股份大量分配给企业员工，自己只保留大概百分之一的股份，就与此有关。回忆这段经历的时候，任正非说："华为今天这么成功，与不自私有一点关系。"

任摩逊后来遭受了不公平的待遇，备受歧视，任正非的学习和工作也因此受到很大影响。他学习好、表现好，但当班干部、入团入党之类的事情总是跟他无缘。不过，这也让他有时间静下心来读书学习搞科研。大学毕业以后他参军入

伍，在部队也是科研能手。他在当基建工程兵时，就研发出来了一个叫"空气压力天平"的机械仪表。

这一发明还登上了《文汇报》，因为"这种仪表是最近几年刚出现的，目前世界上只有几个工业发达的国家能制造"。

也正是由于这个发明，任正非成了部队技术标兵，又被选为军队青年代表参加1978年的全国科技大会。随后，任正非入了党，还当上了副团级干部，1983年转业后，他被分配到深圳南海石油集团下属的一家电子公司担任副总经理。

好景不长，1987年，他经办的项目被一个骗子骗走了200万。200万在当时是一笔巨款，相当于今天一个亿。出了这种事情，他被公司勒令辞职，而且还要负责填补这200万的窟窿。顿时，全家失去生活来源，他还背负巨额债务，家庭陷入了极大的困境。随后，妻子跟他离了婚，一家老小好几口人挤在出租屋里束手无策。

在这种情况下，44岁的任正非东拼西凑地拿出2万元创办了华为公司，想做点生意养家糊口。

所以，从一开始，华为就是一家"危机驱动"的企业。在《华为的冬天》一文中，任正非说，创业十多年来，自己想的最多的始终是失败，很少去想成功。这显然深受创业前这次危机的影响。

随时随地为危机做好准备，是华为后来渡过一次又一次危机的重要保障。

1987年的深圳，赚钱的机会不少。任正非一开始什么能赚钱的业务都做，还卖过减肥药，有一段时间内流行卖墓碑，也派人去考察过。

华为一开业很快就赚了一些钱。1988年，也就是创业之后一年，万科公司的创始人王石到处向人推销公司的股票，一块钱一股，误打误撞地竟然找到了任正非。任正非请王石吃了顿饭，听完王石介绍万科的情况后，当即就决定出20万买了20万股。事实证明，任正非不仅是经商天才，也是炒股天才，就算后来华为破产了，他买的这些股票也足够使他成为亿万富翁。

我们很庆幸任正非没有把他的天才用到炒股上。几经折腾，华为最终选择了做外贸中介，这也是当时深圳最赚钱的行业。任正非在部队和国企的工作经历应

### 人工智能、5G与物联网时代的中国产业革命

该发挥了一些作用,华为拿到了香港鸿年公司的 HAX 程控交换机销售代理权。

HAX 是一款小型电话交换机,容量非常小,只有 24 门。当时,大型数字程控交换机被上海贝尔等中外合资巨头垄断,中小城市用邮电系统国企生产的纵横式交换机,华为代理的小型交换机只能在小型医院或工矿企业内部使用,算是第三层级的低端市场。由于国内电话需求极为火爆,这个小市场也相当赚钱,深圳有数十家甚至可能数百家类似的销售代理公司,华为只是其中很不起眼的一家。尽管如此,当一个衣食无忧生活富裕的小老板对任正非来说很快就成了现实。

在代理销售的过程中,出现了一个"小问题",就是售后服务不好解决。交换机是进口的,华为完全没有能力维修,连零配件都没有,出了问题只能去找香港的厂商。香港方面的售后服务态度也不好。这中间一来二去,产品有质量问题往往得不到及时的维护,客户意见很大。

这种事情当时十分普遍,大部分代理商对此的反应是能推就推,产品卖出去之后就不太想管了。那些工矿企业零散分布在中国的各个地区,彼此缺乏信息沟通,坑一个算一个,反正市场需求广阔,产品总是可以源源不断地卖出去。

任正非跟很多商人不一样的地方在这个时候就体现出来了,那就是责任感。也就是我们前面讲的让华为与众不同的第二个驱动力——责任驱动。他觉得,把东西卖给人家,赚了那么多钱,产品出了问题却不负责,这很不好。所以,他开始招聘技术人员,组织起来一支售后维修队伍,一边搞维修,一边还负责给客户搞培训,教他们如何进行日常维护。而零配件则通过拆解废旧交换机或者多购买一些新交换机来拆解解决。这样做成本很高,但切实帮客户解决了很多问题。华为的口碑就是从这个时候开始一点一点积累起来的。

良好的售后服务成了华为开拓市场的第一块招牌。通过短短三四年的发展,华为就积累起了原始资金,在全国建立了近十个销售办事处。

由于拆机备件的成本实在很高,而且香港鸿年公司的交换机供应也出了问题,有了技术队伍的任正非被迫开始谋划建立自主品牌。一开始华为连仿制的能力也没有,而是从珠海一家国有企业直接购买零部件来组装。组装出来的成品跟国内企业的产品是一模一样的,唯一的区别就是换了个华为的牌子,这款交换机

的型号叫 BH-01。

这是华为走上自主发展的第一步。

需要注意的是,华为组装的第一台交换机 BH-01 并非它代理的香港产品 HAX,而是功能类似的国产交换机。香港产品当时无法通过进口零部件来重新组装。国内那些在计划经济时代培养起来的电信设备制造企业,尽管技术落后于国外先进水平,但在比较低端的产品方面,已经拥有完整的产业链条。这是华为能进行"进口替代"的基础支撑。如果没有这个计划经济时代遗留下来的工业体系,华为就不可能迈出建立自主品牌的第一步。

华为的服务意识和市场意识比国有企业要强得多,它的销售人员可以推着破旧的自行车在乡间小路走上几十千米去推销产品,技术人员也同样随时准备去解决售后问题,甚至连产品使用手册也要做得精美细致。华为每个月都在深圳举办交换机培训,食宿自理,培训免费,不管有没有购买华为的产品都可以来接受培训。这在当时都是很创新的做法。面对国有企业交换机和华为的组装货,很多客户毫不犹豫地选择了华为。

自己组装的优势就是售后维修和零配件好解决,这进一步提升了华为的品牌形象。

经过一段时间的扩张以后,给华为供货的国有企业终于反应过来,发现华为的组装货给自家产品销售制造了大麻烦。1990 年,国企给华为"断供"了,也就是拒绝再成套地卖零配件给华为。这是华为诞生后遇到的第一次严重危机。当年的华为就靠着这一款交换机过活,零件断了就只能喝西北风。

"断供"来得很突然,华为收了客户的钱,却没法交货。如果拖延久了,客户上门来要求退款,公司就会有现金流断裂和关门的危险。

任正非把全公司的技术人员紧急组织起来搞研发。由于之前售后维修搞得认真负责,技术团队初步搭建了起来,大家对这款机器的情况了解也还比较透彻。这算是为研发打下了良好的基础。但维修和生产不可同日而语,之前的经验远远不够。在研发负责人莫军的带领下,大家把交换机拆开了,一个零件一个零件地研究,又把每个零件上的电路和焊点一个一个地研究,有的一个零件上就有上千个焊点。不仅要解决硬件设计的问题，还要负责软件编写。硬件设计好了，紧急出去找生产企业做样品，再拿回来测试，发现问题再改……而研发团队总共就六个人，根本忙不过来。

快一年过去了，机器还没有做出来。任正非对研发团队说："公司在1991年收到的订货款也要用完了，公司账上已经没有什么资金，再发不出货，公司就要破产了。"

最后，华为终于还是在现金耗尽前把替代产品搞了出来。这个新产品从零件到功能都跟原来组装的那台一模一样。唯一的改进是把外形搞得更好看了一些。华为给新产品起名为BH-03，说明书和包装也重新设计，看起来是原来产品的升级，价钱不变。客户不会看零件，只认华为的品牌，新旧产品过渡得相当顺利。

至此，华为渡过了它诞生后的第一次危机，并真正走上了自主研发的道路。

华为从组装到自己生产交换机，是一次典型的中国式技术扩散过程。一般的技术扩散，应该是政府支持基础研发，企业负责成果转化。国有企业是一种有中国特色的主体，既不是非盈利的公共研发机构，也不是纯粹的私营企业。它的技术从政府研发机构扩散出来，然后通过产品被仿制的形式，让技术最终进入了民营企业。国有企业在技术扩散中充当了"二传手"的角色。

还有一点需要注意的是，华为能渡过难关，也跟深圳发达的电子信息加工业所提供的产业链支撑密不可分。研发团队做出来的硬件设计能迅速下厂得到样品测试，是研发成功的关键支撑。如果让华为自己把一块一块的电路板做出来，或者生产企业远在天边，它都不可能在现金流枯竭前完成对BH-01的仿制。

有了自主生产能力的华为如虎添翼，从此一飞冲天，不可收拾。

经历了"断供"危机以后，任正非下定决心把公司的战略中心放到自主研发上来，用心打造研发体系。他跟华中理工大学、清华大学、中国科技大学等国内高校广泛联系，邀请教授们带着老师和学生来华为参观，建立技术合作关系，并且招聘高学历毕业生。后来华为研发的核心负责人郭平和郑宝用都在这段时间加入了华为，他们分别来自华中理工大学和清华大学，郭平是硕士，郑宝用是博士。

郭平带领研发团队做出了华为第二代交换机，从24门提高到48门，这一次就不是单纯仿制，而是有很多华为自己的新技术新设计在里面了。郑宝用带领研发团队做出了500门的交换机，一台机可以带500个用户，采用了光电电路和高集成器件，被邮电部评为国产同类产品质量可靠用户机。这是华为的第三代产品。

这第二代和第三代交换机的研发速度相当快，都是在1991年也就是BH-01研制成功的当年就做出来了。

对于企业来说，产品研发最难的是从无到有的突破，突破之后的迭代升级容易很多。

1992年，华为的年度销售金额突破了一个亿，完成了一个"小目标"。

1993年初，华为召开1992年年度总结会。作为老板的任正非走上台，憋了半天才哽咽着说出一句话："我们活下来了。"然后就开始忍不住痛哭流涕，说不出话来。

直到这个时候，他在"断供"事件后所承受的巨大压力才得到了真正的释放。

2. 战略雄心：研发大型数字程控交换机

BH-01的研发成功推动了华为从销售代理到自主研发的战略性转变，也标志着华为的企业发展动力从危机驱动向理想抱负驱动转变。

有了自己研发的交换机，又有了超过一个亿的营业额，华为生存发展的安全边界可以说是相当稳固了。任正非在一把鼻涕一把泪地宣布活下来之后，紧接着又宣布了一个重大决定：进军局用交换机市场。

局用交换机，就是电信局使用的交换机。一个电信局的服务用户就有几十万，对交换机的技术水平要求比企业内部电话系统高得多。当时这个市场几乎完全被国际品牌垄断。搞代理的时候，华为的竞争对手是深圳那些跟它一样草根的各种代理公司；搞自研小型机的时候，竞争对手是中小型国有企业；搞局用交换机，对手就是诺基亚、爱立信、AT&T等国际巨头，还有像上海贝尔这种受政府直接扶持的中外合资企业。

当时，小型用户交换机的市场还很广阔，刚有点资本就立刻宣布向局用交换

### 人工智能、5G与物联网时代的中国产业革命

机进军，这就不是被逼着往前走的节奏了，它显示了任正非本人强烈的雄心和抱负。这种雄心和抱负，到底是什么时候在任正非的心里形成的，外人无从得知。他从部队转业的时候，本来可以去国家级的科研院所当副所长，却选择到深圳这个前景不明的对外开放新城市当副总经理，似乎已经有所展露。但在1993年之前，这样的雄心抱负并不具备发挥的条件，他的人生和华为的绝大部分抉择，都是被危机和压力逼着往前走，走一步算一步。一直到公司销售额上亿，任正非才算初步掌握了自己和华为的命运，主动去挑战命运而不是被迫反抗。

然而，这第一次主动的战略选择一上来就走错了路。

跟邮电部副部长侯德原的抉择相反，任正非在反复研究了纵横制和数字式程控交换机的各种优缺点之后，拍板决定：将资金投入到纵横制交换机的研发中去。他的理由是：经过市场调研，在日本和英国，至今都还有三分之一的电信局在使用纵横制交换机。中国落后日本和英国很多，至少到2000年，纵横制都不会落伍。所以纵横制交换机卖个七八年肯定没问题。毕竟数字式的研发难度大、风险高，可以把纵横制研发出来卖出去之后再把资金滚动投入研发数字式。

侯德原作为邮电部副部长，主要考虑的是大城市干线通信网络的需求；任正非作为小老板，主要考虑的是地市县这个层面的市场需求。所以侯德原在1980年就相中了数字式，任正非在1993年还抱着纵横制不放，看问题的出发点不同，结果就差异巨大。

任正非的分析看起来没什么问题，但他严重低估了中国通信市场的发展速度。1990年中国的电话普及率只有1%，华为认为到2000年能达到6%就已经是很惊人的速度了。但后来事实证明，到2000年电话普及率竟然超过了50%。纵横制交换机根本不可能满足按照这个速度增长的中国电话市场需求。

华为投入了巨额的研发经费和全部研发人员，用一年的时间研发出的第一款纵横制局用交换机CJ1000刚出生就落后了。骨干网络布局完数字式交换机以后，地市县也纷纷开始淘汰纵横制，选择数字式。

1993年，华为依靠自己在偏远地区销售用户交换机积累起来的口碑和渠道以及良好的安装和售后服务，勉强还是卖出去200台CJ1000。但这也耗尽了华为的

全部力量,而纵横制也进入生命周期的末期,在 CJ1000 的基础上再进行迭代改进已经没有意义。第一代产品一般质量都不稳定,需要投入巨大的人力物力维修,基本是不赚钱的,要赚钱就得靠后续改进。

华为剩下来的钱,要想转而再去投入研发难度大得多的数字式程控交换机,肯定是不够了。

任正非想不到,自己刚说完"我们活下来了"之后一年,华为就会再次陷入生死存亡的危险境地。理想驱动模式那么快就重新切换成危机驱动模式。

紧急关头,任正非还是咬着牙选择了赌一把:借高利贷搞研发。把华为这么多年积累的信用、人脉等所有资源都押了上去,一旦失败,就是万劫不复。

在动员会上,已经年满五十岁的任正非对着窗外说:"研发不成功,你们还可以去找别的工作,我就只能从这里跳下去。"

当然,企业家的魄力绝不等同于赌徒的狂热。任正非敢于冒这么大的风险,其实还是在打一场比较有把握的仗。内外两个条件允许华为短时期内取得突破。

从内部来讲,CJ1000 的研发积累了大型交换机的研发经验,锻炼了队伍。虽然说这是两代不同的技术,差别很大,但仍然有很多技术是相通的,比从零开始研发要容易得多。特别是有了 200 台在电信局实际安装和维护的经验,对给电信局用的大型机该满足哪些实用条件和标准心里有数了。很多细节不经过实际运营是不知道的。

更重要的是,数字式程控交换机快速研发的外部条件已经十分成熟。20 世纪 80 年代初邮电部引进数字式的时候,技术还很不成熟,经过跟比利时贝尔的多年合作才制造出合格能用的产品。但十年过去了,通过大规模商用,技术扩散效果显著。邮电部内部研究系统已经培养出一批数字程控交换机方面的专家。

1986 年,邮电部研究体系经过四年攻关,研制出 2000 门的国内首台数字程控交换机 DS-2000;1991 年,年仅 38 岁的解放军信息工程学院院长邬江兴主持研制出了首台拥有自主知识产权的万门数字程控交换机 HJD04,结束了中国造不出大容量程控交换机的历史。同一年,邮电部邮电十所也研制出了万门市话程控交换机 DS-30。1992 年,在深圳组建的国有企业中兴通信也研制出了 2000 门

## 人工智能、5G与物联网时代的中国产业革命

的数字程控交换机,并顺利投入使用。还有一家深圳市政府和长春邮电学院合办的国有企业——长虹通信,也研制出了2000门的数字交换机,1993年就销售过亿了。在北京,联想公司在中国科学院的支持下也开始立项研发万门程控交换机,时间基本和华为同步。

这意味着,数字程控交换机在国内已经是比较成熟的技术,国内有多家单位能够实现商业化生产。华为有了大型纵横机研发生产经验,在此基础上研发数字交换机,要想取得突破难度就小了很多。这是任正非敢于借高利贷来搞研发的根本支撑。

华为加快研发的一个重要办法是高薪"挖人"。邮电系统一直积极推广数字化程控交换机技术,在西安邮电部第十研究所举办程控交换机培训班,全国各地的相关单位,不论是国有还是民营都可以派人来参加。华为每次都派人去,白天上课、晚上"挖人"。华为刚开始是与邮电十所合作开发交换机,后来把来合作的人员都挖过来了。邮电系统的专家毛生江被挖了过来,被任命为数字程控交换机研发的项目经理。

大多数讲华为发展历史的文献都会有意无意地忽略华为这些"挖墙脚"的背景,因为这会让华为多一分"孤军奋战"的悲壮,但其实也贬低了任正非作为企业家的商业才能,让他看起来像是一个孤注一掷的搏命赌徒。

华为研发的成功,不仅是任正非个人魄力的成功,还是中国整个国家通信产业蓬勃发展、关键技术持续突破背景下的成功。如果没有中国政府和军方研究机构主导的自主技术突破,华为不可能在同样的资金和时间约束下,独立研发出大型数字程控交换机。华为的成功,是政府主导的技术研发以及这种技术扩散以后和市场经济主体相结合所取得的成果。1993年的华为处在技术扩散的第三阶梯上。第一阶梯是军方和政府的研究机构,第二阶梯是中兴通信、长虹通信等国有企业,第三阶梯才是民营企业华为。

华为的本事并不是无中生有、孤军奋战。站在这个第三阶级的企业当时应该还有很多。但华为最终脱颖而出,而且还在市场竞争中把占据优先位置的第二阶梯竞争对手全部击败,这才是它真正厉害的地方。

1993年3月，华为自主研发的新一代2000门数字化程控交换机C&C08终于研制成功。

同年10月，这台新研制的交换机在浙江义乌佛堂镇电信局投入使用，也就是电信行业内所说的"开局"。经过两个月艰苦的调试，这台交换机完全可以满足电信局的要求，而且在工艺水平和操作便利程度方面超过了上海贝尔的同类型产品。华为再次"活"了过来。

在2000门交换机研制成功之后、开局之前，任正非就已经组织人马投入万门大型程控交换机的研发之中。这又是一次理想驱动而非危机驱动的战略决策：如果不成功，2000门交换机也足以让华为过得很滋润；如果成功了，华为就将从此进入世界顶级也是竞争最激烈的电信战场。

这个时刻，即使是任正非也压抑不住自己内心的"野望"了。他每天都去员工宿舍给工程师打气，鼓励他们争取早日突破万门机。他激情澎湃地说："十年后，华为要和AT&T、阿尔卡特三足鼎立，华为要占据三分之一的天下！"

3. 领先世界：突破自主芯片和光传输技术

在研发数字化交换机的过程中，华为开始掌握决定它未来命运的两大关键核心技术：一个是芯片，一个是光传输。芯片是信息的汇聚处理中心，光传输是信号传输的通道，一个是交换机的大脑，一个是交换机的神经。

这两个关键的技术突破，也都跟国家科研创新体系紧密相关，并非华为单打独斗的成果。

帮助华为在交换机专用芯片方面取得突破的关键人物有两个，一个叫徐文伟，一个叫李征。徐文伟毕业于东南大学自动控制专业，毕业后到香港一家做激光打印机的公司工作了一年，擅长电路设计。1991年，邮电部十所在西安举办交换机培训班，徐文伟也去了，他一去就被"埋伏"已久的华为"猎头"给挖了过来。

李征来自无锡华晶中央研究所。无锡华晶是国家集成电路"908工程"最重要的项目承担者。"908工程"是我国改革开放后，针对芯片产业进行大规模国家投资的一次早期尝试，研发基地就设在了无锡。这个项目从直接成果来看比较

## 人工智能、5G与物联网时代的中国产业革命

失败——华晶做出来的芯片刚投产就落后了,没能实现商业化盈利。但项目实施的过程,培养了不少人才,这批人后来在全国各地到处开花,超过500人成为芯片领域的主管官员、技术骨干或企业家,华晶也因此被称为中国芯片的"黄埔军校"。李征在"908工程"期间,被派去美国学习EDA软件和芯片设计,改行做了芯片设计师,1992年加入华为。

在徐文伟和李征带领的研发团队的努力下,1993年,华为第一颗用自己的EDA设计的ASIC芯片问世,被命名为"SD509"。华为的芯片技术就是从这里开始萌芽。

第二项关键技术——光传输,华为分了两步走。

C&C08万门机研发过程中涌现出了一个技术天才叫李一男,华中理工大学少年班毕业。李一男进华为一周就被提拔为主任工程师,半年就升任研发部副总。当时万门机的信号传输技术普遍都是用的相对成熟的电缆传输,李一男以独到的眼光认为应该采用最先进的光传输。通过华为自己的研发,做出了部分光模块放进第一代万门机,还没有实现真正意义上的光传输。

在后续迭代改进的研发过程中,关于采用何种光传输技术来对光模块进行改进,华为研发团队内部产生了争议。一部分人主张采用比较成熟的PDH(半同步数字传输)技术,另一部分则主张采用更先进的SDH(全同步数字传输)技术。李一男最后决定采用SDH。

SDH技术过于先进,华为搞不定,国际巨头也没有一家做出来SDH的万门机。其主要技术来源还是国有科研机构。

中国光传输技术的发源地武汉邮电科学研究院,主攻方向是比较成熟的PDH技术。华为和中兴通信都从武汉院挖了不少人作为光传输研发的团队骨干——中兴公司的副总裁方榕就是在武汉院被挖过去的。

但华为需要的SDH技术并不来自武汉院,它来自位于四川成都的邮电部第五研究所。五所成立于1965年。1979年,毕业于武汉院的邬贺铨被任命为五所数字通信部主任。1991年,邬贺铨带领的团队成功研制出了SDH155/622Mbps的设备样机。这让中国在同步数字通信上,与世界领先水平保持了基本同步。

华为要搞 SDH，自然就想到去五所寻找技术资源，技术合作和"挖人"双管齐下。邬贺铨团队的石宏强就在这个时间加入了华为。1997 年初，石宏强领衔开发出了华为版的 SDH 155/622Mbps 的设备。

另外，华为光传输设备研发的总负责人是黄耀旭。黄耀旭毕业于上海交通大学，硕士毕业后在交大计算机网络研究所工作，参加了国家重点攻关项目——上海市公共数据网的建设。

采用最新 SDH 技术做出来的华为 C&C08 万门机 C 型机，一诞生就代表了同类产品的国际先进水平。国外巨头也没有做出来。这是华为在通信领域领先世界的开始。

由于核心技术能够自主掌握，而且关键领域还世界领先，再加上中国人力资本等价格低廉的优势，华为的 C&C08 数字交换机综合使用成本（含价格和能耗运维等）可以做到同等性能比竞争对手的产品便宜一半。C&C08 很快就横扫国内交换机市场，并开始走向国际，与西门子、阿尔卡特等传统巨头展开竞争。

同在深圳的国有企业中兴通信在 1993 年也启动了万门交换机的研发，比华为晚了半年，也取得了成功。

20 世纪 90 年代初，电信局要装万门机，需要在上海贝尔先交钱排队半年才能拿到货，如果是国外的先进设备，还需要提前一年预付定金，等上一年多，最先进的设备则花钱也买不到。正是由于以华为和中兴为代表的国产交换机的出现，这些问题通通成为历史，国内电话通信资费也得以大幅度降低。

4. "学毛标兵"："鞍钢宪法"与市场经济融合的"任氏道路"

C&C08 数字交换机的成功让华为走上了高速发展的道路，1992 年，华为的营业额才刚刚达到 1 亿，1997 年就达到 90 亿，1998 年销售收入更是突破 120 亿。员工人数也迅速扩大，从 1992 年的两百多人增加到上万人。

公司业务和人员的高速扩张，带来了严重的内部管理问题。任正非当时的感觉就是公司正处在失控的边缘，在其回忆文章《一江春水向东流》中写道：

> 到 1997 年后，公司内部的思想混乱，主义林立，各路"诸侯"都显示出他们的实力，公司往何处去，不得要领……我是听任各地"游击队长"们

## 人工智能、5G与物联网时代的中国产业革命

自由发挥的。其实，我也领导不了他们。前十年几乎没有开过办公会类似的会议，总是飞到各地去，听取他们的汇报，他们说怎么办就怎么办，理解他们，支持他们；听听研发人员的发散思维，乱成一团的所谓研发，当时简直不可能有清晰的方向，像玻璃窗上的苍蝇，乱碰乱撞……

为此，任正非以极大的气魄果断做了两件事：一个是起草并执行《华为基本法》；一个是向IBM等一流的大企业学习，进行管理流程改造。

《华为基本法》制定于1996年，它的名称是模仿当时中国从英国收回香港所制定的《基本法》。当然，它不是真正意义上的法律，只是以规范条文的形式来完整总结提炼的公司战略。

《华为基本法》总共有六章、二十五节、103条、一万六千多字。这是一部公司战略经典，值得每一个想要理解华为乃至整个中国高科技产业崛起的人仔细阅读。

任正非刚开始想让公司内部团队来起草这个基本法，结果很不满意，据说看完后气得把稿子扔到了地上。他需要的是全局性的战略梳理，不是公司内部各种力量博弈的平衡，这种事情让下属来做是很难的。意识到问题所在后，他就说：干脆让"人大教授"来试试。

当时，有中国人民大学的六个副教授在深圳"干私活"，做咨询挣钱，但不通过中国人民大学的账户，合同也不用人民大学盖章。这六个副教授并非同一个专业，分别来自工业经济系、劳动人事学院和统计系。他们是通过学校武术队认识的，都是精力旺盛的中青年教师，平均年龄只有35岁。华为之前请外部专家讲课，通过深圳本地的咨询公司找到了这六个人，在介绍的时候直接把"副"字去掉，统称教授。由于培训效果不错，华为又找他们做了一些薪酬体制之类的咨询项目，在华为有了名气，被称为"人大教授"。

在任正非的指示下，六人组成了"《基本法》专家组"。1996年3月，任正非跟六位专家进行了长达三天的闭门会谈，从其家世、童年、求学、参军、退役，一直到创办华为以及公司的艰难成长历程，全都认真讲了一遍。这次长谈之后，专家组才大体明白自己要做的是一个什么样的东西。

专家组的办公室就在任正非办公室的隔壁,任正非有什么新想法,都会见缝插针地聊上几句;每次新的稿子出来,又会集中长谈一次。

整个过程完全由任正非主导。这些专家后来自己也说,任正非"是《基本法》的策划者,也是最重要的参与者和智慧贡献者"。

任正非在毛泽东时代度过了他人生观价值观形成的最重要的青少年时期。《华为基本法》在一开始就深刻地打上了毛泽东思想的烙印,特别是毛泽东关于经济民主的思想。

专家组成员吴春波撰写的《由鞍钢宪法所想到的》一文发表于1996年5月2日的第28期《华为人》报。这是人大教授们参与《华为基本法》制定后,在华为内部公开发表的第一篇文章,为《华为基本法》的制定起到了思想指导的作用。文章说:

> 那独具魅力的湘音从暝暝之中飘来,"鞍钢宪法在远东、在中国出现了"。
>
> 1960年3月22日,毛泽东在鞍山钢铁公司《关于工业战线大搞技术革新和技术革命的报告》上,作了上述批示。
>
> 所谓鞍钢宪法,其内容为"干部参加劳动,工人参加管理;改革不合理的制度;工程技术人员、管理者和工人在生产实践和技术革新中相结合"。即所谓的"两参一改三结合。"对大多数中国人而言,恐怕闻所未闻。或早已忘记了。但历史这样喜欢捉弄人,这朵36年前开过的昨日黄花,又在异域开放,且分外香,丰田人公然宣称,其生产方式,来自于"鞍钢宪法"。有目击者言,在丰田车间里挂着的一条标语,直译成中文,即"两参一改三结合"。
>
> ……
>
> 管理学家对此也大加赞赏,美国麻省理工学院管理教授罗伯特·托马斯认为,毛倡导的是经济民主,"两参一改三结合"道出了团队合作的实质。管理大师彼得·德鲁克则从"技术分工"与"社会分工"的角度,予以理论层面的诠释。从实质上看,西方大行其道的"后福特主义"与鞍钢宪法,不仅合,而且神交已久,两者间存在着紧密的内在联系。

......

以前，我们把鞍钢宪法这个婴儿与洗澡水一起倒掉了；现在，我们期待着华为宪法在鹏城呱呱落地！

在《华为基本法》中，毛泽东思想的影子处处可见：

"认真负责和管理有效的员工是华为最大的财富。尊重知识、尊重个性、集体奋斗和不迁就有功的员工，是我们事业可持续成长的内在要求。"（第二条）

"我们认为，劳动、知识、企业家和资本创造了公司的全部价值。"（第十六条）

"我们是用转化为资本这种形式，使劳动、知识以及企业家的管理和风险的累积贡献得到体现和报偿……我们实行员工持股制度。"（第十七条）

其中，劳动被放在公司价值的第一位，知识被放到第二位，企业家只处在第三的位置上，而资本则被放到最末尾，同时还特别指出资本只是一种转化形式，是对劳动、知识和企业家贡献的报酬或补偿。

因此，华为长期执行大规模的员工持股制度。

任正非创业的时候，找朋友凑了一些钱"入股"但不参与经营。在华为刚刚开始赚钱之后，这些出资人就退股了，从华为拿走了很大一笔钱，为此还打过官司。最后，任正非个人拥有了华为的全部股权。但在华为成长过程中，他逐渐将自己持有的股份分红权变成了员工集体持股，个人持股数下降到1%左右，让企业劳动者享有资本的股权收益，但又禁止持股人出售股权获利，而且离开华为的人必须将股权回售给公司，这就将股权和劳动紧密绑定。这是一种介于传统的社会主义集体所有制和资本主义公共持股的股份公司之间的一种公司权益安排。同时，他又长期坚持拒绝外部资本介入公司经营管理，不在资本市场公开上市。这些，体现的都是对普通劳动者价值的重视以及对资本食利倾向的高度警惕。

在具体管理模式上，对官僚层级弊病的警惕，鼓励基层越过层级限制反映问题也被写进了《华为基本法》：

员工有义务实事求是地越级报告被掩盖的管理中的弊端与错误。（第

六十三条）

　　员工在确保工作或业务顺利开展的前提下，有权利向上司提出咨询，上司有责任做出合理的解释与说明。员工对改善经营与管理工作具有合理化建议权。员工有权对认为不公正的处理，向直接上司的上司提出申诉。（第六十四条）

"集中优势兵力歼灭敌人"的战略思想，也在其中得到了体现：

　　我们坚持"压强原则"，在成功关键因素和选定的战略生长点上，以超过主要竞争对手的强度配置资源，要么不做，要做，就极大地集中人力、物力和财力，实现重点突破。（第二十三条）

在公开向全社会介绍《华为基本法》的图书《走出混沌》中，任正非在序言里上来第一句话就是：

　　"毛泽东同志说过：人类的历史，就是一个不断地从必然王国走向自由王国发展的历史。……人类总得不断地总结经验，有所发现，有所发明，有所创造，有所前进。"

而这篇序言的题目，也就叫《从必然王国到自由王国》。

制定《华为基本法》的过程，就是一个塑造华为整体的发展战略和企业价值观的过程，经过一轮一轮全公司范围内的讨论和学习，等到1998年3月全文正式发布的时候，公司内部上上下下其实已经对它的思想理解得十分深入。通过《华为基本法》的制定和宣讲，任正非基本成功地将这个野蛮生长的民营企业捏合成了一个有共同理想、共同目标和共同价值观的集体，在华为内部搭建起了一个宏观的治理框架——这是后来华为渡过各种危机和继续扩张成长的体制和思想根基。

5. 削足适靴：引起美国公司产品开发流程

《华为基本法》虽然制定好了，但仅有这样一个一万六千多字的框架，仍然无法实现公司良好治理和可持续扩张。接下来，还需要对具体的管理流程进行梳理和重组。

进入到执行流程层面的变革以后，光讲理念就不够了，必须有实践经验的具

### 人工智能、5G与物联网时代的中国产业革命

体指导。

1997年，任正非带领华为高管团队到美国做了一圈考察，走访了IBM等大公司，参观了哈佛校园和硅谷，感触非常深。写了一篇考察散记，里面说：

> 王安公司三年前还年销售35亿美元，现在宣布破产保护。日本三菱这么强大的集团，退出了电脑生产。这种强烈的危机感，推动整个世界的前进。华为被历史摆在了一个不进则退的地位，科海无边，回头无岸，错过了发展机遇，将会全军覆没。华为这几年走过的路是对的，还不够，应大胆地往前走、往前走。
>
> ……
>
> 我们科研方法还十分落后，研究管理水平还十分低下，效率还远远赶不上发达国家。值得庆幸的一点是我们的员工个人素质都不比美国公司差。要赶上美国，最重要的一条就是改善管理。

除了这些大的感悟以外，这次考察最大的收获是跟IBM公司的交流。IBM公司在20世纪80年代初一度非常辉煌，垄断了美国的大型计算机市场，是世界上盈利最多的公司。但长期的市场领先地位，让公司发展出现了严重的惰性，胡乱开发一些产品，对客户的服务也很糟糕，而且滥用市场地位对竞争对手搞打压。在个人电脑和互联网出现以后，IBM战略判断失误，死守着大型计算机不思进取，但又无法容忍苹果、微软、英特尔等新兴对手在个人电脑等领域的挑战，一度宣布凡是购买竞争对手的个人电脑办公的，IBM就不会向他们销售大型计算机——试图用这种简单粗暴的方式，掩盖公司在个人电脑和网络技术方面的战略性失误。人浮于事、官僚主义等问题非常突出，公司迅速衰落，而苹果、微软、英特尔则迅速兴起。很快，IBM就几乎走到濒临解体的境地。

这种情况下，IBM的股东们改变了从公司内部提拔CEO的一贯传统，从外部引进郭士纳来担任董事长兼CEO。郭士纳对IBM的内部管理流程进行了大刀阔斧的改革。他重组了IBM内部的各个部门，五年之间裁员15万人，占员工总数的三分之一，为此付出了超过80亿美元的行政改革费用。但成功变革后的IBM重新焕发了生机，销售额增长了100亿美元，市值增长了4倍。

任正非对 IBM 的变革很感兴趣，决心聘请 IBM 公司的咨询团队来变革华为内部治理结构，将其 IPD（集成产品开发）、ISC（集成供应链）、IT 系统重整、财务等八个管理变革项目引入华为。

IBM 同意了，开出的咨询费（包含软件系统）是 20 亿元人民币，咨询服务时间是 5 年，从 1998 年到 2003 年。

这是一个天文数字般的咨询费，很多高管想要讲讲价。任正非力排众议，不讲价，他说："你砍了价，能对项目的风险负责吗？"

任正非的理解很对：咨询是服务，服务提供者要想在形式上达到合同要求并不难，难的是让他们倾尽全力帮助甲方解决问题。咨询项目谈判中，甲方大砍价一般也能把项目谈下来，但咨询方往往会因为合同金额没有达到心理预期而减少看不见的精力和责任心投入。钱打折了，得到的服务质量必然跟着打折，这是商业规律。任正非需要 IBM 全心全意的投入来帮助华为实现流程变革，不仅不能打折扣，还要加倍努力，他决心满足 IBM 的一切要求，还要额外再给对方一些超出预期的待遇。

IBM 对合同金额十分满意，很快就派了几十名资深顾问进驻华为，大多都是亲身经历过那次大变革的各个部门的中层管理人员，实战经验丰富。后来有华为的员工跳槽去了 IBM，发现 IBM 员工的素质比他当年在华为接触的那些咨询顾问们差远了，原因就是当年 IBM 派来华为的顾问尽是 IBM 的精英。

任正非下令腾空华为总部位置最好的两层楼出来给顾问办公，而且亲自监督装修，完全模仿 IBM 总部办公的风格，咖啡机都要一个品牌的，为的是让顾问们宾至如归。

这样的做法体现了任正非认真学习先进经验的决心。

为了避免华为自身落后的管理方法干扰 IBM 的先进管理方法，任正非规定："全盘引进 IBM 的管理体系和方法，前三年不许对体系做任何改变。"

对此，有专家称之为"削华为的足，适 IBM 的履"。任正非自己也认同这个比喻。

让一群金发碧眼连汉语都不会说的老外，来对一家已经非常成功的中国高科

## 人工智能、5G与物联网时代的中国产业革命

技企业管理指手画脚，而且还全盘照搬他们的管理体系，华为内部很多人是想不通的。特别是之前华为还请过德国的一家管理咨询公司做过流程变革，最后效果很一般，并未给公司带来什么变化。这一次又能有什么不同呢？

针对这些意见，任正非提出的是"先僵化，再优化，最后固化"的方针。第一个阶段必须僵化。他拿出老板的权威来，加强了个人集权，铁腕推动IBM建议的流程变革。IBM的顾问们想叫谁来谈话，谁就必须放下一切事务过来参会；想调整哪个部门就调整哪个部门，想动谁的位置就动谁的位置。一切管理咨询建议，各个部门都必须不折不扣地执行。绝对禁止拿"中国特色""华为的特殊情况"这些借口当挡箭牌。除非顾问们自己同意根据华为的情况做出修正，否则就完全照搬IBM的做法。

这个"削足适靴，僵化学习"的过程非常痛苦，很多人因为有抵触情绪而受到了严厉的处分，中高层当中有十多个人被辞退了，还有很多人则选择主动离开了华为。最严重的事件就是华为常务副总裁、技术天才、研发系统的核心人物李一男在2000年辞职，创办了港湾公司与华为竞争，一大批研发精英跟随李一男出走。研发元老、光传输技术突破的领头人黄耀旭也在这一时期离开了华为自己创业。研发系统几乎失去了半壁江山。

这种大分裂跟大家对改革的不理解有很大关系。

当时，华为内部管理存在的一个严重问题是产品研发与市场需求严重脱节。研究部门、市场部门分歧很严重。卖产品的不知道研发能解决什么技术问题，研发不知道开发的产品有多少市场需求。市场前线反馈回来的需求和问题很多，但是也很杂乱，研发部门理睬不过来，甚至还有点不屑于去理睬。

自从启动BH-01交换机开发以后，研发在华为一直是战略中心，是华为的核心竞争力所在。每一次关键产品开发，都有效地化解了华为的困局，并帮助华为上了一个新台阶。在这种局面下，研发部门在公司地位极高，部门内部也很骄傲，想要开发什么产品就开发什么产品，不怎么管市场部门的反馈。很多新奇的东西花了很多钱搞出来，结果毫无用处。市场部门由于跟研发缺乏沟通，遇到技术问题不知道如何向客户承诺，有些能解决的问题硬是说技术上无法实现，有些

承诺解决的问题拿到技术部门来一看根本做不到……还有不同区域的山头分割问题，很多地方自己也在搞研发，互相之间不通气，有些相通的技术问题重复研究现象严重。这都是前期高速扩张带来的必然结果。

这次管理变革，首先就是要解决这个问题。改革的头号任务就是要让研发跟市场做好对接，开发产品不能研发一家说了算。研发部很多人对自己部门权力被削弱的改革"想不通"，便导致了研发人才的大量出走。

"僵化学习"和"逐步推进"相结合，最后让整个项目得以成功实施，帮助华为实现了公司治理结构的整体变革。华为内部管理则快速实现了从"杂牌军"到"正规军"的转变。IBM 的这套治理结构，成为华后此后保持高速扩张而不至于管理失控的核心支撑。IPD 项目开始实施十年之后，华为的业绩突破了 1000 亿，十年增长了差不多十倍，研发周期缩短近一半，研发成本降低三成。

此时，华为真正做到了把竞争力建立在对流程的依赖上，而不是对个别天才能人的依赖上。

华为引进 IBM 管理流程"先僵化，再优化，最后固化"的理念，就像是中国改革开放道路的一个缩影。为了学习西方先进的市场经济体制和相关的企业管理经验，我们不仅花了大价钱，而且还要冒着被指责为"崇洋媚外"的风险往前走。这些指责在有些方面是不无道理的，但要把精髓学到手，某种程度上的"僵化"是迈出第一步时必须经历的过程。先比较僵化地学习引进，再消化改变，这总比还没有经过自身实践就盲目判断什么是"符合国情"什么是"不符合国情"的方法更好一些。

任正非在"全盘引进 IBM 的管理体系和方法，前三年不许对体系做任何改变"的话后面，还有两句话："后三年允许对体系做局部改变，再以后华为自己有管理水平了，可以把 IBM 提供的体系推倒重来。"

在学习 IBM 十多年以后的 2018 年，华为的营收超过了 1000 亿美元，而同年 IBM 的营收只有 795 亿美元。华为这个学生已经超越 IBM 这个老师，在治理体系上虽然没有把 IBM 的东西推倒重来，但也早就消化吸收并做了很多大的优化，实现了"青出于蓝而胜于蓝"。中国改革开放向西方学习市场经济体制，成为全球

人工智能、5G与物联网时代的中国产业革命

第二大经济体，显然也已经度过了"僵化学习"的阶段，必须要进入"优化"阶段了。但要说"固化"，不论是华为还是中国，都还有很长的路要走。

6. 走出危机：从 3G 追赶到 5G 超越

在引进 IBM 管理模式期间，华为经历了它诞生以来的第三次大危机。

华为发展史上的第一次大危机是 BH-01 零配件的断供，不快速研发出自己的产品就要破产；第二次是 CJ1000 被市场淘汰，被迫借高利贷研发数字交换机。第三次则是最复杂的，经历的时间也最长，任正非本人在这次危机中承受的压力也最大。

首先是 2000 年美国"新经济"泡沫的破灭，纳斯达克指数暴跌，全球 IT 行业进入寒冬。华为作为一家快速成长的高科技企业，也难免受到冲击，公司业绩受到了很大的影响，这是一个大背景。

第二就是 2000 年以李一男为代表的诸多研发精英接连出走，其中不乏创业元老，华为研发部门陷入大分裂、大动荡。

第三是家庭变故。2001 年 1 月初，任正非的母亲发生车祸去世。

第四是年近六十的任正非本人被查出来患了癌症，虽然是早期，有希望治愈，但给他带来了很大的精神压力。

在这些多重压力的打击下，他也没法休息下来，必须每天高度紧张地工作，推动华为的变革。

在市场战略上，华为也接连出错，遇到了比较大的麻烦。

第一个出错的战略是拒绝进入"小灵通"无线通信市场。当时中国已经完成有限电话网络建设，正在积极建设 2G 无线网络。欧洲的 GSM 和美国 CDMA 是两大 2G 技术标准。日本在 2G 时代落后了，没有自己的 2G 标准，但搞出了一个 PHS（无线市话）技术。这个技术是对有线电话网络的改进，利用有线电话的基站来发射无线信号，成本低，但是通信距离短，只能在本地打电话，离开本地就用不成了，信号质量也不太好。

中国移动和中国联通都要上马"真 2G"，PHS 技术在日本都已经被淘汰了，邮电部并不想用这个落后的技术。而中国电信却看中了机会——它经营有线电话

的业务，国家没给它无线通信的业务。中国电信就想用 PHS 来变相进入无线通信市场。经过中国电信的努力，邮电部最终表态：不反对也不支持，电信可以自己搞。

中国电信找到华为，想要在这方面展开合作。当时有线电话交换机大多用的都是华为的 C&C08，华为只需要引进日本技术，在自家交换机上做一些改进，这个市场就唾手可得。

但任正非和李一男在 PHS 的问题上意见完全一致：不做。他们都是偏技术的思维，认为这个东西技术上落后，过几年就会被淘汰，华为应该集中于追求技术领先的领域，不能再重蹈 CJ1000 交换机的覆辙。

另一个中国商人——UT 斯达康的老板吴鹰看准了机会，认为中国消费者收入低，愿意因为廉价的资费而忍受信号质量差和不能漫游的缺点，就把技术专利从日本人手中给买了过来，用在中国，给它起了个名字，叫"小灵通"。

事实证明，吴鹰的市场判断正确，小灵通因为话费便宜、手机便宜，成了 2G 手机的良好替代品，在二三线城市卖得非常火。几年之内，UT 斯达康一手卖设备一手卖手机，从一家名不见经传的小企业成长成了年收入超过 200 亿的电信巨头，跟华为并驾齐驱。任正非判断对了技术发展的大趋势，但他没想到小灵通技术会这么火，寿命会这么长，从 1998 年上市到 2011 年退市，存在了十多年，相当于一代通信技术的存在时间。华为错失了一个大市场，同时让这个市场培养出了一个庞大的竞争对手。

第二个出错的战略是误判了 CDMA 的发展前景。CDMA 的技术专利主要掌握在美国高通公司手里，要收取高额专利费；而 GSM 是欧洲企业集体制定的标准，排他性的收费专利比较少。1996 年，中国已经决定采用 GSM 标准，华为也选择了以 GSM 为主攻方向。不过在是否保留对 CDMA 的跟踪研发方面有争议。李一男力排众议，决心彻底砍掉 CDMA 研发项目，得到了任正非的支持。结果没想到，2001 年，中国政府为了让美国支持中国加入 WTO，同意让联通采用 CDMA。华为毫无准备，把 CDMA 市场整个拱手让给了同城的竞争对手中兴通信。

GSM 领域，华为的发展态势也很不好。欧洲巨头吸取了在有线电话时代的

## 人工智能、5G与物联网时代的中国产业革命

教训，纷纷主动进入中国，开办合资企业，降低产品成本，也更注意根据中国本土市场的需求调整产品特点。华为在无线通信领域技术积累薄弱，一时间难以再造C&C08交换机的辉煌。华为的无线通信基站被国际巨头重新挤出了中国的大城市，回到村镇市场苟延残喘，被迫再走一遍当年交换机"农村包围城市"的道路。

这样，到2003年的时候，华为营收长期停留在200亿的水平，UT斯达康和中兴通信都追了上来，也达到200亿的营收，给华为的领先地位造成了严重的威胁。特别是UT斯达康，不计成本地疯狂从华为"挖人"，并大力收购从华为出去的创业公司，想以此获得小灵通以外的通信技术，来势汹汹、雄心勃勃。同时，李一男离开后创办的港湾网络也迅猛发展，拿了很多美国风险投资的钱，不停地用高薪从华为把研发人才挖走，在多个方面开始跟华为抢市场。还有很多中高层跟李一男一样出走，创办自己的企业，一边跟华为竞争一边从华为"挖人"。此时的华为，看上去已经处在一个随时分崩离析的状态。

多重压力之下，任正非感到自己"顶不住了"，他患上了严重的抑郁症，可能是人生第一次出现了放弃华为的念头。他和公司高层达成了一致意见：把华为卖掉。买家是美国电信巨头摩托罗拉。摩托罗拉打算以100亿美元收购华为。后来，任正非回忆起这件事，说他当时给自己的安慰是："虽然是美国资本控制，但以后华为的事情还是中国人在做，也可以算是中国的胜利吧。"

作为一个走出危机笑到最后的成功者，回忆艰难的往事，话说得很轻松，但当时的任正非应该已经是精神濒临崩溃的状态：癌症加抑郁症缠身，甚至有一种给自己准备后事的心理了。

经过多轮谈判，价格谈好了，合同细节也都商量好了，摩托罗拉准备举办一个签字仪式正式完成收购。但在最后时刻，摩托罗拉换了一个董事长。新任董事长觉得用100亿美元收购一家没有名气的遥远的中国公司，实在是风险太大，改变了主意。

"幸存"下来的华为"被迫出走"，在中国市场避开与国际巨头的竞争，大力开拓中国以外的无线通信市场，去非洲、中东、南美这些地方建设GSM网络。这

是一片意外的蓝海，这些地区经济发展水平相对落后，对价格比较敏感，欧美电信巨头也一直不太当回事。华为利用海外市场支撑了几年的发展，一直等到中国开始3G网络建设，才真正回过头来重新布局国内市场。

为了对付UT斯达康，任正非承认错误，同意进入小灵通市场，不仅做基站，而且还做小灵通手机——这是华为战略的一个重大调整。

之前，任正非就像拒绝小灵通一样，顽固地拒绝进入手机市场，谁在他面前提手机他就跟谁急。这是从战略层面考虑——就像《华为基本法》所写的一样，华为的目标是成为世界一流的通信设备制造商，而手机终端跟通信设备有巨大差别。他认为，华为固然有造手机的技术能力，但面向消费者的销售渠道和售后服务跟卖设备完全不是一回事，并非华为所长。他担心，做手机会严重分散华为集中资源在通信设备领域与国际巨头竞争的目标。

公司高层为了说服任正非改变看法，就告诉他小灵通手机的销售渠道很单一，中国电信负责代理销售和基本的售后服务，渠道和售后都不成问题，而且要打击UT斯达康，必须这么做。任正非最终几乎是违心地接受了这个意见。从运营商代理起家，到决定做小灵通，华为才有了自己的手机业务。任正非完全想不到此后华为手机将会迅速发展壮大，并在2018年超过通信设备部门，成为华为最大的营业收入来源。

2003年11月，华为终端部门正式成立，移动终端的第一个产品就是小灵通手机。当时主流机型的价格在1000元左右，华为直接把价格拉到300多元，横扫市场。UT斯达康遭到华为的狙击，开始陷入困境。UT斯达康业务模式太单一，过度依赖小灵通，而且还缺乏核心技术——小灵通技术是从日本人那里买过来的，由于扩张速度太快，并没有来得及消化吸收形成自己的研发能力。

就这样，当中国移动和中国联通的2G网络逐步建设完善、资费不断下降的时候，小灵通的市场就被快速压缩。加上华为的竞争，利润也不行，UT斯达康更加无力投入到转型2G和3G的研发中去，也就只能是跟着小灵通这个落后的技术一起衰落了。华为则依靠强大的核心技术和研发能力，以小灵通手机为开端，很快就把移动终端产品升级到2G和3G手机市场，最终成就了一代手机霸业。

## 人工智能、5G 与物联网时代的中国产业革命

对李一男和他的港湾网络，缓过劲来的任正非专门在公司内部成立"打港办"，绕过公司的各种决策流程，只要港湾做的产品华为都做，价格必须比港湾低；只要港湾参加的投标华为都要去争，不管多低的价格也必须把标抢过来。同时，华为利用专利问题起诉港湾网络，让它陷入专利法律纠纷，无法上市，也难以被其他公司收购。2006 年，风险资本认输，不再给港湾提供新的资金，港湾公司走投无路，被华为收购。

随着 UT 斯达康的衰落和港湾被收购，华为终于从第三次危机中缓过劲来。

2007 年，经过多年在中国村镇和非洲等地的技术积累，在国内 GSM 市场竞争中，华为第一次得到了中心城市的订单，吹响了反攻的号角。华为作为中国电信设备领域的领头羊地位得到了巩固。

2008 年，中国正式启动 3G 网络建设，华为的冬天过去了，春天来临了。

在一开始，华为并没有为春天的来临做好充分的准备，反而遭受了一波"倒春寒"。

中国 3G 网络将会同时上马欧洲、美国和中国的三个 3G 标准，这是早就定的。华为为了避免 CDMA 的覆辙，三个标准同时研发。这个决定没有什么问题。但跟几乎所有当时的参与者一样，任正非认为中国标准是最弱小的，可能只会是一个实验性的示范网，以后再慢慢逐步扶植壮大。因此，尽管华为早早就加入了 TD-SCDMA 产业联盟，但并没有投入很多资源，主要的研发力量还是在欧洲和美国的标准上。结果出乎意料，中国政府以惊人的魄力，把建设 TD-SCDMA 网络的任务交给了三大运营商中实力最强的中国移动，一上来就要建一张全国性的大网，用超过一半的市场份额来支持 TD-SCDMA。

中国政府当时的考虑是，TD-SCDMA 本来就弱，技术不成熟，如果交给电信或联通，让移动用欧美标准，移动就可能一下子称霸中国市场，联通和电信谁负责建设 TD-SCDMA 谁就会垮掉。因此，只能让最强的移动公司来建，一方面移动公司的市场份额最大，可以吸引更多的 2G 客户转移到 TD-SCDMA 上来；另一方面，如果失败了，移动只是被严重削弱，应该不会垮掉，还可以保留基于 TD-SCDMA 升级到 4G 的希望，三大运营商的竞争格局也不会被破坏。

这个决断，政府内部始终争议巨大，在最后的政策出台之前，产业联盟内部也并不能未卜先知。这样，移动 3G 网络建设的招标，第一轮第二轮华为都没能拿出有竞争力的产品和报价出来。中兴通信当时也判断失误。前两轮建设最大的受益者是大唐电信，它作为邮电部研究院的法人单位，是 TD-SCDMA 的技术研发方和推广者，在中国标准上只能全力投入，没有其他道路可选。这样，大唐电信的基站设备在一开始就占据了优势。

但华为和中兴很快就反应了过来。作为很多轮激烈的市场化竞争胜利者，他们在产品制造方面经验更胜一筹。大唐电信从国有研究机构改制过来，研发技术能力还不错，但对生产制造和售后服务等严重缺乏经验，其产品质量方面的小毛病很多，性价比不高，售后服务也跟不上。作为 TD-SCDMA 的技术推广方，大唐的核心技术都在产业联盟内部共享了，技术上也没什么特殊优势。这样，到了第三轮以后的招标，物美价廉、质量过硬的华为、中兴的产品就开始不断胜出，基本把大唐淘汰出局了。

对此，任正非后来回忆说："TD 市场刚来的时候，因为我们没有足够的投入，所以没有机会，第一轮招标我们就输了。第二轮我们投入了，翻上来了；第三轮开始我们就逐步领先了，我们这叫后发制人战略。"

由于外国巨头根本不关心中国标准的 3G 网络建设，没有投入资源，华为和中兴这两家市场化的企业最终成了 TD-SCDMA 网络建设的最大赢家。在手机终端领域，全球最强的苹果始终不支持 TD-SCDMA，三星公司也反应迟钝，这就为华为等国产 3G 手机留出巨大的市场空白。

至此，"倒春寒"才完全结束，华为在通信设备和移动终端两大领域同时发力，依托国内市场，开拓全球市场，进入了发展快车道。与中国无线通信产业共同进步，2G 追赶，3G 突破，4G 追平，5G 赶超，成为全球通信产业第一巨头，十年间发展可谓顺风顺水。一直到 2019 年，美国出于政治目的动用国家力量对华为进行制裁和打压，第四次大危机来临。

这第四次危机目前还在进行中。跟前三次危机相比，这次是声势最为浩大的，全球瞩目，但其实是最为安全的。表面上是危机，其实是一次巨大的机遇——用任正非的话来说，就是一次全球大广告，极大地提高了华为的知名度，同时极大地增强了华为内部的凝聚力。

　　从诞生开始就习惯于"危机驱动"的华为，相信不仅可以顺利渡过这次危机，而且会跟前三次危机一样，获得新一轮爆发性增长的动力。

**04**

# 追赶与引领
## 面向未来的国家创新体系

### 一、多元竞合：中国产业创新的系统性特征

我们在第三章从两个不同的视角回顾了中国通信产业的崛起过程，一个是从国家宏观管理的视角，一个是民营企业创业发展的视角。这两个视角有很多交叉的地方，共同构成了一个产业崛起的全景图。这个全景图所反映的，就是整个国家的通信产业创新体系。在未来的产业革命时代，中国应该建立一个怎样的国家创新体系？我们可以从这个宏大的案例中得到不少启发。

按照从上到下的顺序，我们来对这幅全景图中涉及的主体做一个梳理。

在最顶层的，是政治决策系统。副总理谷牧1979年在国务院常务会议上的讲话，国务院有关支持邮电事业发展的文件，都体现了政治决策层对邮电通信事业的指导。这是站在整个国家发展需求视角上提出的发展战略。

再往下一层，是行政执行层，也即技术官员系统。政治学中习惯于把政府人员分为政务官和事务官。战略决策层是政务官，执行层是事务官。部长等一把手一般被视为政务官。不过邮电通信不同于一般的行政事务，带有极强的专业性质。邮电部高级官员和一般官员大部分都是专业技术背景出身。他们终身在邮电系统内部工作，较少参与政治决策。所以我们把副总理以下的邮电系统官员都视为事务官中的技术官员群体。这个系统负责把政治决策变为技术和行政层面可执行的政策和行动。

邮电部往下，是邮电系统直属的研究院和相关高等院校等"事业单位"，是负责技术研究和人才培养的技术层。邮电部武汉院研发了最早的光传输技术，西

安十所组织了交换机培训,成都五所研发了最先进的 SDH 光传输技术,等等。这个技术层为产业的发展提供了非常关键的技术创新支持,并培养了大量的专业人才,通过学生找工作、跳槽等方式往企业层输送了人才、扩散了技术。

再往下,就进入企业层面。比较靠近政府层和技术层的是国有企业,特别是国有独资企业。中国电信、中国移动、中国联通几大运营商,是国有垄断竞争企业,在政府主导下开展内部竞争,是其他市场化企业的甲方和客户,不直接参与非电信网络运营以外的产业竞争。

除此以外,还有大量竞争性国有企业。在传统体制下,他们在获得技术层的技术和人才方面更为方便,相对民营或准民营企业有优势。由解放军工程学院数字交换机研发团队和邮电部有关企业组成的巨龙集团,负责生产中国最早的数字化程控交换机。邮电部邮电科学研究院改制而成的大唐集团,负责推广 TD-SCDMA 技术标准,并生产了早期的中国标准 3G 基站设备。此外,最早给华为销售 BH-01 交换机和零配件的国有企业,在深圳率先开发出数字化程控交换机的长虹通信等也属于此类。

最下层的,也是距离政府最远、市场化程度最高的,是纯粹的民营企业。他们处于技术扩散的最外围,这是他们的劣势。但优势是体制灵活,通过激烈的市场竞争,绝大部分企业会发展停滞或者被淘汰,胜利者基本都是内部组织管理科学、企业家战略决策能力较强的优秀组织。华为便是这类企业最杰出的代表。

夹在纯粹的国有企业和民营企业之间的,是混合所有制企业。华为公司国内最强有力的竞争对手——中兴通信就属于此类,还有跟华为同一时间开始研发数字化程控交换机的联想集团也属于此类。这一类企业市场化程度较高,能够成长壮大起来,主要是依靠自身的市场竞争能力,但也有部分政府支持的因素。体制机制比传统国企灵活,但也受国有体制限制,创新变革能力相对纯粹的民营企业中的优胜者仍然有所不如。

这些主体按照不同的原则进行组织,承担不同的责任。除了政治决策层以外,彼此之间既有合作也有竞争。人才和技术在这些主体之间不断地流动,推动着中国的产业创新。他们之间的配合和竞争,构成了推动中国通信产业过去几十年高速发展的创新体系。

我们把这个关系先按照政治决策层到市场竞争层的顺序进行排列,得到一个基于垂直关系的通信产业创新体系图。

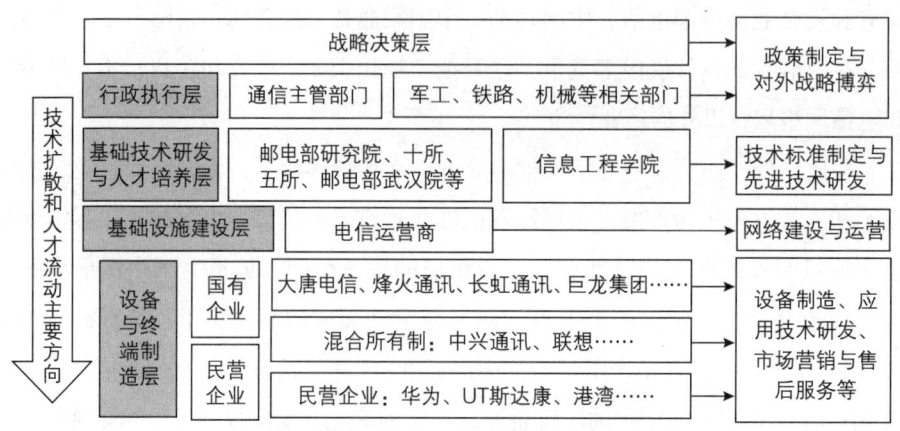

图8 基于垂直关系的通信产业创新体系图

这个图层级分明,技术和人才在各个层级之间互相流动。从改革开放至今四十多年的时间里,主要是从上往下走为主。技术从邮电部系统的研发机构、高等院校以及有关的其他研究机构,往企业层面扩散,国有企业占有承接优势。数字化交换机技术从解放军工程学院研发出来,由邮电部系统制造出来并举办培训班,国有企业率先实现量产,民营企业通过与国有系统合作和"挖人"等方式最后研发制造出最有市场竞争力的产品。这就是一个非常典型的技术在这个体系中扩散和创新的典型案例。

但是,这个图也有很明显的问题,就是过于突出上下层的垂直管理关系,而对主体之间的竞争关系表现不足。也可以说,它的"计划经济色彩"看上去比较浓厚。

显而易见的是,国有企业和民营企业之间并无明显的上下级关系,而且国有企业也不是完全从执行政策的层面出发考虑问题,还同时需要考虑市场需求。从国有企业到民营企业的技术和人才的扩散很大程度上是被动的——通过人才"流失"的方式。

20世纪90年代，通信产业四大巨头"巨大中华"，现在只剩下中兴和华为了。巨龙公司是解放军信息工程学院的交换机研发团队和邮电部下属的几家交换机企业组合而成，内部管理松散，各自为政，生产的程控交换机竞争不过华为的C&C08，效益不佳，迅速衰落。大唐电信在3G时代以后的竞争中也被中兴和华为打败，被迫转型去做芯片等其他行业，效益始终不大好，最后与武汉院下属的烽火通信合并。在这个过程中，大量的人才进入了华为、中兴等竞争胜利的企业。

所以，图8当中的企业，我们可以把它们"横过来"，从上下关系变成平行竞争关系，如图9所示。

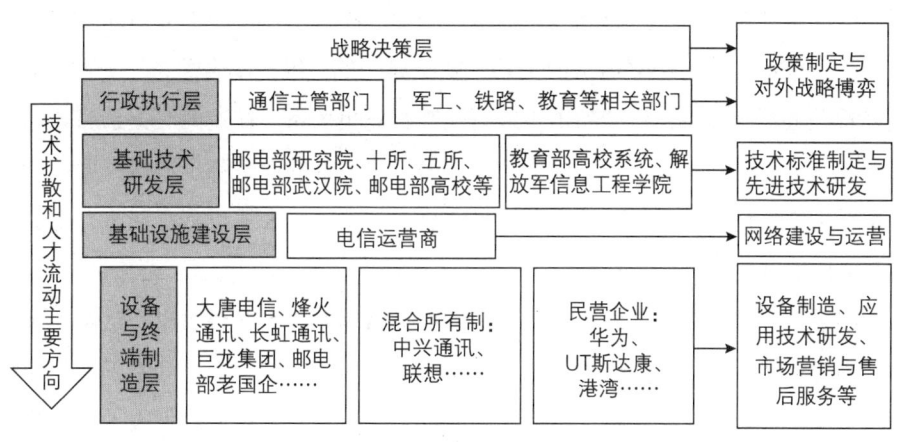

图9 平行竞争关系图

"横过来"看之后，国有企业作为市场竞争主体的特点就表达得更清楚了。不过，与此同时，又出现了新的问题，那就是：忽略了很多国有企业在执行国家政策方面的责任。

国有企业并不是一个百分之百的市场竞争主体，它介于行政体制和市场机制

### 人工智能、5G与物联网时代的中国产业革命

之间,其决策模式既包含了市场导向也包含了政策导向,既承担经济责任也承担政治责任,既享有市场资源也享有部分政府资源。它是一个政府和市场权利义务的复合体。作为一个复合体,它和纯粹的民营企业既有市场竞争关系,也有从政策层到市场层的资源传导关系。把二者完全平行地并列起来,会导致很多误解和偏见。

比如,巨龙集团和大唐电信后期确实出现了经营不善的问题,但它们一个推出了中国最早量产的数字化程控交换机,一个最早为 TD-SCDMA 提供了可以商用的基站设备,都成功地实现了将基础研究机构的技术商业化量产。这是很关键的一步,一方面是"技术接力",一方面是"抛砖引玉",量产过程中解决了很多技术问题,并培养了一大批工程技术人才,也启动了相关市场,为更有竞争力、组织得更好的企业参与其中提供了基础。特别是大唐电信,它是 TD-SCDMA 的技术标准研发者和主要专利拥有者,但大多拿出来在技术联盟内部共享了,不像高通一样收专利费发财,这就是典型的国有企业承担政治任务而放弃短期利益的做法。大唐电信和华为中兴通信的关系,就是典型的"纵横复合关系":从技术扩散来看是上下游关系,从产品销售来看是平行竞争关系。在这两层关系综合作用之下,华为和中兴把有关技术标准拿过去做出了更好的设备赚了大钱,大唐亏损了,对国家来说总体是好事情,不管是资金、技术还是人才,都实现了自主创新体系的内部良性循环。

如果没有巨龙和大唐在交换机和 TD-SCDMA 领域的开拓性贡献,这两个领域的国内企业能否在与国外巨头的市场竞争中占据优势地位,就不好说了。华为可能直接因研发数字化交换机失败而倒闭,任正非就从研发楼上跳下去了。就算没有那么极端,那也至少是需要在黑暗中摸索更长的时间。

当然,反之,如果没有华为这种勇于创新、敢闯敢干的民营企业发展起来,单独依靠巨龙和大唐,要在高速变革的前沿创新产业中击败国外巨头,同样也是不可想象的。

国有经济和民营经济之间的关系,既不是纯粹的纵向分工关系,也不是纯粹的横向竞争关系,而是呈现出复杂的"纵横复合关系"。总体而言,国有经济更

偏向于基础技术和服务，民营企业更强调高效和灵活应对市场需求。以竞争实现效率提升，以合作推动技术进步，正是这种多元复合的关系，推动着中国的通信产业几十年高速发展，并培育出了以华为和中国移动为代表的具有极强市场竞争力的通信产业巨头。

可以说，"多元竞合"正是中国通信产业创新突破的关键因素。不同类型的组织机构，从不同层面来思考问题和完成任务，彼此之间相互配合又激烈竞争，是产业进步和经济发展的重要动力。

在经济发展中，人、资金、土地、技术等要素是流动的，这个流动不是指空间上的流动，而是在不同组织结构之间的流动。政治决策机构、行政机构、研发教育机构、基础设施建设机构、基础公共服务提供机构、半政府的公益性组织、准公益性企业、营利性国企、纯营利性的民营企业，等等。不同的人在不同的位置上，都会不自觉地从自己所在的机构和位置来考虑问题，也就意味着在按照不同的模式来利用人的智力资源以及其他要素。

一个社会只有足够多元，同时又能充分合作协同，才能实现高速创新。怎样才能在促进竞争的同时保障合作，在多元的同时实现协同，是国家或区域创新体系需要解决的基础性问题。

在通信产业领域发挥作用的这种多元竞合机制，在中国其他产业创新中也有类似的案例。比如电子商务产业，2019年"双11"购物狂欢节，马云打造的淘宝销售平台创造了一天两千多亿的销售奇迹。这理所当然被视为企业家才能的伟大成就，但难道仅仅是企业家创造的吗？

在淘宝"双11"晚会的大屏幕上，一幅巨大的电子地图显示着全中国的购买数据。这张地图也提醒着人们：天量的购买信息会制造天量的数据流量。

但很少有人知道的是：这些数据流量并不是在杭州的阿里巴巴总

图10 2019年"双11"一天突破2684亿销售额

部进行处理，而是在分布于全国很多地方的"大数据产业基地"。其中最大的在距离杭州两千千米之外——中国贵州贵阳高新区大数据中心。这里布置着超过10万台大型服务器。

大数据基地之所以选择在这里，是因为服务器需要消耗巨大的电力，并且需要大量的水来进行冷却，还需要十分稳定的地质结构保障其安全。贵州的水电资源丰富，其石灰石地质结构也很稳定，因此是布局服务器的绝佳地区。为了支持大数据产业的发展，贵州省和贵阳市多年前就制订了大数据产业发展规划，为数据中心提供了几乎免费的土地和远低于全国平均水平的电价和水价，并负责地面的平整、架设高压输电线路以及规划建设方便的公路交通网络。

贵阳的大数据中心不仅为阿里巴巴提供数据服务，它同时还是中国移动、中国联通和中国电信的数据处理中心。

如果没有这些大数据中心的高速运转，"双11"的购物狂欢可能刚开始一分钟就因网络崩溃中断了。

当订单完成付款以后，就会有超过20亿件商品开始从各地仓库发货。绝大部分货物都会进入附近的大型仓储物流园区进行中转。而这些物流园区，也是过去十多年在政府产业政策支持下迅速建设起来的。

只要有机场、港口和大型火车站的地方，政府就会规划建设物流产业园，把各种电商快递的仓库聚集到一起，集中存储、分拣、配送。在淘宝诞生之后短短几年的时间内，约1200个物流园区如雨后春笋般被建设起来。

从物流园区中转以后，货物就会进入庞大的交通网络进行运输。在过去不到二十年的时间里，中国的高速公路里程从几乎为零到今天全世界里程最长，中国同时也是世界上铁路里程最长的国家，这些几乎全都是政府主导建设的，但也有很多社会资本参与投资，很多民营施工队参与了建设。

可以说，如果没有政府和国有经济的支持，如此庞大的网络购物产业体系不可能建立起来。

在"双11"的购物狂欢中，企业的创造和政府的产业政策是密切结合在一起的，彼此难以分割：当我们打开手机淘宝的时候，这个网站是企业家马云创造的；

网络信号是政府主导的电信通信系统传播的；当我们点击购买的时候，数据处理是在政府规划建设的大数据产业园进行的；处理完的数据反馈到卖家，这些卖家大部分是私营中小企业主；企业家们把商品发货，进入政府规划建设的物流园区；物流由快递企业分拣——创办顺丰的是一个从快递员干起的民营企业家，可以快速把货物送达，但如果要把货物送到偏远地区，还是需要使用政府几十年前建立的邮政物流系统；货物分拣完成后进入政府主导建设的交通网络体系，最后再通过一个一个为了谋生而进入快递行业的快递员进入千家万户。

如果这些基础设施网络的建设和运营，在一开始主要依靠社会资本投入，往往会因为短期收益较差而无法启动建设，或者为了追求短期收益而提高基础服务价格，但如果百分之百完全由政府力量主导，又很容易出现体制僵化、缺乏创新能力等问题。正是由于来自不同组织的不同利益视角的多元竞合，才让中国在极短的时间内发展出了全世界领先的电子商务产业。

2019 年，中国"双 11"淘宝的销售额达到了 2684 亿，2018 年的这个数据是 2135 亿。这个数据不包括京东等其他网络购物平台。而 2019 年美国感恩节购物季的"黑色星期五"和"网购星期一"的在线购物总额为 146 亿美元，折合人民币大概 1000 亿。如果比较全年的网络零售量，中国 2018 年是 9 万亿人民币，大约相当于 1.3 万亿美元，位居世界第一。而美国的数据是 5200 亿美元，只能屈居第二。

不管是购物节还是全年的数据，美国的网络零售销售额都不到中国的一半。

考虑到 2018 年美国的 GDP 大概是中国的 150%，且美国的互联网产业比中国先起步很多年，就更容易看出来中美之间网络购物发展水平的差距了——美国远远落后于中国。

实际上，这还是拿中国跟世界头号强国美国相比。如果跟起步时间差不多的印度相比，这种差距就更明显了。

印度和中国都拥有十多亿人口。跟美国一样，印度执行的是"弱产业政策"。印度的 GDP 只有中国的 20%，但是网络购物额的差距更大，印度只有 334 亿美元，还不到中国的 3%。实际上，2019 年"双 11"进行到傍晚，淘宝单一平台产生的

### 人工智能、5G与物联网时代的中国产业革命

销售额就超过了印度全年的网络零售额。也就说，中国的"剁手党"们还没狂欢满一天，就把全印度人民一年网购的钱给花出去了。

为什么中国能在网络购物方面取得远远超过印度的成绩呢？经济总量和人口因素都解释不了这个问题。

印度有没有自己创业、建立网络购物平台的企业家呢？有，而且还有很多。有没有类似于支付宝这样的网络支付平台呢？也有。印度的互联网产业内部是否存在市场竞争机制呢？存在。

那印度和中国到底差在什么地方呢？不差人、不差企业家、不差技术、也不差在市场机制。只要我们实事求是地分析印度和中国之间真实的而不是凭空猜测的情况，二者最明显的差异显然就是：政府在经济增长中所发挥的作用。

印度政府不能像中国政府一样建立起覆盖全国的无线网络信号，不能建立起中国这样高密度的铁路和公路等基础设施网络，不能建立起中国那么多的大数据产业园，不能建立起中国那么多的仓储物流产业园，不能为地方中小企业的聚集提供从市场建设到金融支持等多方面的扶持……正是由于这些原因，印度才在这一轮互联网革命中被中国远远甩在了后面。

如果中国没有淘宝、没有阿里巴巴，中国一定还会有别的企业家建立类似的企业，中国一定还是会成为世界第一大网络购物强国。不过，如果没有民营经济的参与，没有市场机制发挥作用，我们也可以说，中国还是不可能成为世界第一大网络强国。

草根创业的阿里巴巴，就跟草根创业的华为一样，在激烈的竞争中经历了九死一生才活过来，因而极其富有创新精神，组织的战斗力和应变能力极强，这跟强大的基础设施和服务网络一样，是中国电子商务产业的核心竞争力之一。正是这种多元竞合的产业创新体系，将中国的电子商务产业快速推到了世界领先的位置。

图11是我们仿照前面通信产业创新体系，画的中国电子商务产业创新体系的示意图，层次更多了一些，从中可以更好地看出政府系统、国有经济、民营经济，还有巨头企业和中小企业"多元竞合"的体系特征。

04 追赶与引领：面向未来的国家创新体系

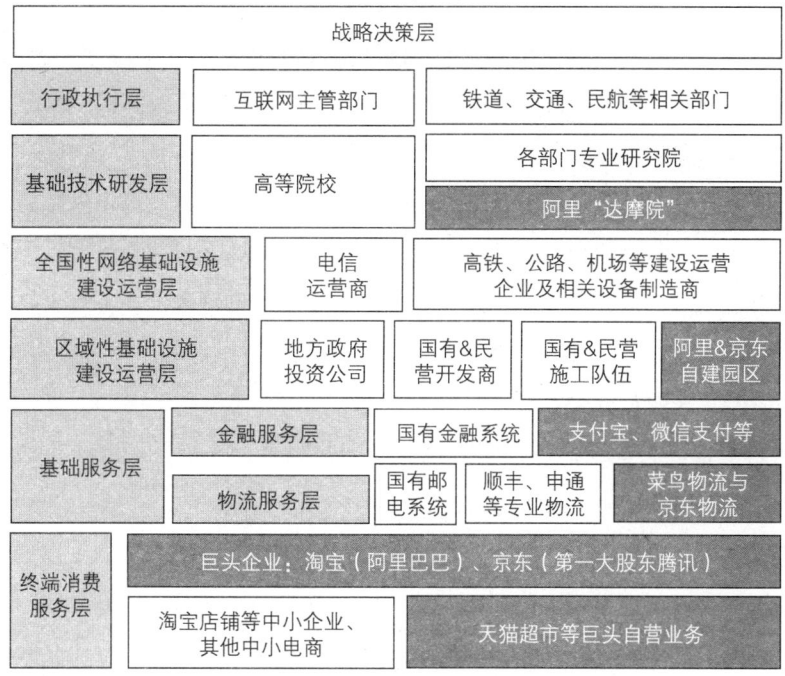

图11 中国电子商务产业创新体系示意图

在图11中，涉及阿里巴巴和京东这两个电商巨头的业务部分用灰底白字标了出来。这是企业沿着产业链进行上下游拓展的典型。也就是说，阿里巴巴和京东本身是做终端电商起家的，这是它的核心业务。物流、金融、园区、基础研究这些东西是它的配套，可以用跟其他企业或机构合作的方式来得到这些配套服务。但是，它们为了提升核心业务的效率，一方面跟其他企业或机构密切合作，另一方面自己也介入这些业务领域。在这些领域，阿里巴巴、京东跟他们的合作伙伴一样，是既竞争又合作的关系。比如天猫超市，就跟很多淘宝的日用品店铺是直接竞争的。阿里作为淘宝网的运营方，在这其中，就是典型的"既当裁判，又当运动员"。但这并不会造成很严重的问题，从多元竞合的视角来看，这种情况的存在不仅合理，而且是一种比完全分层合作更高效的方式。

很多人对国有经济有一种错误的认识，认为它是政府"既当裁判，又当运动员",不合理。但用天猫超市、支付宝和京东物流的例子来看,电商平台的巨头全面渗透进入销售、支付、物流等领域,跟它的合作伙伴一边分工一边竞争,是一种很自然的现象。国有经济只要存在,就不可避免地会随着产业链延伸或收缩。

在物流领域,国有经济的邮电系统擅长速度慢、覆盖广、价格低廉的准公益性服务,专业民营物流擅长快速、高价的服务,电商巨头自建物流擅长无缝链接发货与投递信息,彼此既有竞争又有差异,是非常好的现象。如果这个领域只有邮电系统在工作,它一定会官僚主义盛行、拒绝创新;如果只有专业物流竞争,一方面可能无法顾及低收入群体的需求,另一方面也会不利于连接厂商与消费者;如果电商平台巨头垄断,也会阻碍创新。多元竞合,才是最好的。在这一类领域,认为应该国有垄断,或者彻底把国有资本赶出去的思想,都是有失偏颇的。

企业越大,对技术研发的投入就越高。当企业巨头大到一定程度以后,它还会主动进入基础研究领域,阿里的"达摩院"就是一个典型——它是在阿里巴巴的营业额超过3000亿以后才开始投资建设的,定位是一家"致力于探索科技未知,以人类愿景为驱动力的研究院"。它一方面增加了整个国家投入基础研发的资金;另一方面,它自建立起就大力从诸多国有高校和研究机构"挖人",高薪聘请国内外高端人才,同原来的研究体系也存在竞争关系。

华为也在2019年4月宣布建立基础科学战略研究院,支持开展基础科学、基础技术的研究,定位和运作方式与阿里达摩院类似。这些企业基础研究机构的成立,对完善国家基础研发体系是一件大好事。以前,国内基础研究领域基本全是国有研究体系,虽然实力强大、系统完善,但也不可避免地出现一些僵化的现象,比如,部分"学阀"凭借学术研究权威地位霸占研究经费和奖项,或者根据院系划分、师生关系等拉帮结派,打压年轻研究人员的创新,等等。来自体制外的竞合对手大量出现,是纠正这种弊病的有效手段。

总之,在上下游诸多领域,国有系统与民营经济、巨头企业与中小企业的多元竞合,都是推动产业创新的基础。

一般来说,在基础研究领域、全国性网络基础设施建设领域,国有体系应该发挥更多作用；在终端应用领域，民营经济应该发挥更多作用；在中间层面，则更多强调混合共生。但在几乎所有层面，不同程度的多元竞合相比单一成分而言都是更好的选择。

在改革开放中前期，中国产业结构相对低端，发展迅速的部门多是一些劳动密集型的加工产业，比如制鞋、服装、打火机等。很多人就以为，中国经济奇迹主要是依靠廉价劳动力的优势支撑起来的。实际上，在这些民用终端消费品生产体系的背后，中国还有一整套人才培养教育体系、基础科学研发体系、基础设施建设体系、装备制造和化工体系、军事工业体系以及各级地方政府公共服务体系。

这些与改革开放以后的消费品市场体系一起，共同构成了完整的中国国家产业创新体系。即使是最低端的一次性打火机生产，也跟整个体系密不可分。一个一次性打火机包括塑料、铁片、燃气等，能打火两千次以上，一个批发价还不到两毛钱。中国的产品基本上以这种令人震惊的超低价格占据了全球 90% 以上的市场份额——这不仅是因为中国劳动力便宜，打火机所需要的各种材料的价格同样非常低。中国的钢铁化工体系主要用来支持国家的装备制造产业，但边角余料用来做低端消费品非常合适，价格也极其便宜。没有任何国家可能会为了生产一次性打火机来建立一套重型的化工钢铁体系，那会亏本亏死，或者生产出来的打火机价格惊人，根本没有市场竞争力。

这类例子实在是很多。比如，一个完全外来的产业——鱼子酱。鱼子酱是西方人喜欢的食品，中国以前就没有这个产业，长期以来，在全球市场的份额几乎是零，可以忽略不计。但在 1997 年，中国水利部下属的研究院——中国水科院，经过十多年的研发，攻克了野生鲟鱼的人工养殖技术。

接下来，农业部在杭州千岛湖成立了一个"全国现代渔业种业示范场"，实施单位为杭州千岛湖鲟龙科技股份有限公司。这是一家中外合资企业，最大的股东是外国人，持股 23%，但其余股份几乎全是中资，水产科学院有 12% 的股份，千岛湖所在地淳安县的地方政府投资公司持有大约 10% 的股份，此外还有一些民营企业的股份，实际经营负责人是持股大约 10% 的总经理王斌——他也是公司的

## 人工智能、5G与物联网时代的中国产业革命

实际创始人,原来是中国水产科学研究院开发处副处长,在水产所的支持下"下海"创业。外资股份是纯粹的财务投资,不负责管理也不提供技术。

鲟鱼从养殖到产卵,需要七年时间,到2006年,鲟龙科技第一次向国外出口了500千克鱼子酱。这标志着相关技术发展成熟。

鲟鱼养殖和鱼子酱生产技术在千岛湖产业化示范成功以后,就开始在全国大范围推广,然后中国的国产鱼子酱就开始迅速抢占国际市场。只用了短短五年时间,中国的鱼子酱就占据了全球超过75%的市场份额,从低端到高端全面覆盖。包括汉莎航空在内的多家欧洲著名航空公司以及很多欧洲米其林星级餐厅都用的是中国产的高端鱼子酱。

俄罗斯原来是世界上最大的鱼子酱出口国,一直希望打开中国市场,结果现在俄罗斯国内大部分鱼子酱都是从中国进口的。

今天,鲟龙科技的外资股份已经被浙江一家叫天邦股份的民营企业收购。这家民营企业原来是给鲟龙科技做饲料供应发展起来的,现在是水产养殖方面的龙头。而中国鱼子酱产量最大的地区也已经从浙江转移到四川,主要是四川的几家民营企业在经营。其中最大的一家企业创始人李军毕业于大连海洋大学——它成立于1952年,其水产专业在全国排名非常靠前。而四川的鱼子酱养殖之所以能发展起来,是因为它适合养殖鲟鱼的冷水资源全国第一。

在1949年以后,政府不断推动农田基础设施建设,在四川建起六千多个水库,为鲟鱼养殖提供了极为便利的条件。这些水库如果都让民间资本来投资建设,养殖鲟鱼的收益是没法收回成本的。水库的建设是为了满足水电、灌溉、防洪、养殖等综合收益的需要,由善于从全局和长远来考虑问题的政府负责是更为合适的。

所以,即使在鱼子酱这么一个细小的领域,中国都能成为全球第一,不是靠廉价的劳动力,而是靠科研突破、成果转换、基础设施建设、人才培养、市场竞争综合作用的结果。

总之,一句话,它是中国的国家创新体系的成功——一个只有低廉劳动成本优势的国家,不可能在工业革命以后的世界经济体系中创造可持续的经济奇迹。

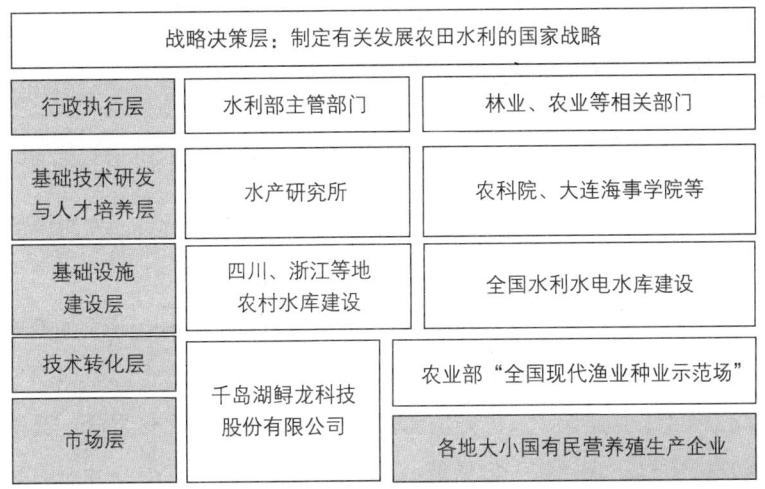

图12 农田水利体系

图12的体系中间有个缺失，就是金融服务。千岛湖鲟龙科技股份有限公司成立以后，由于当时我国的金融体系不完善，国有银行体制比较僵化保守，拒绝将水里能游动的鱼认定为可靠的抵押担保，因此也就无法向鲟龙科技公司发放贷款。那个时候，也没什么国内的风险投资体系，鲟龙科技虽然得到了来自水产所、农业部、地方政府的资金支持，但由于鲟鱼从养殖到产卵要七年以上，长时间的投入还是面临严重的资金短缺，只能找国外的风险投资，这才有了没有技术也不负责管理经营的外国资本成了公司的第一大股东。如果没有来自国外的风险投资，这一次技术转化很可能就失败了。

所以，创新是一个体系，任何一个环节缺失，都会出现问题。对外开放给我们带来了资金、技术、管理经验、市场竞争理念等有益的东西，也极大地帮助我们改善和提升了国家创新体系。

从5G、芯片、滤波器，到互联网、电商，再到鱼子酱、打火机，在高中端的各个领域，这个多元竞合的产业创新体系，都在发挥着作用。这才是看待"中国经济奇迹"比较完整的视角。其他发展中国家要学习中国，主要差距并不在于有没有引进市场经济体制，而在于差了一个庞大的军工、教育、基础设施、基础科学、重化工业、政府服务系统。要搞市场竞争不难，但要建立这样一个完整的多元竞合的创新系统，是非常困难的。

## 二、半导体大战：美国日本的国家创新体系之争

尽管过去的成就非常辉煌，在走向新一代产业革命的时候，我们还是必须认真思考，我们在国家创新体系方面还有什么不足，需要及时弥补。

第二次世界大战以后，有两个国家曾经试图挑战美国在全球产业体系中的霸主地位，但最后都失败了。一个是苏联，一个是日本。

苏联的故事比较古老，其失败的原因从经济上来看也比较明显：僵化的计划经济体制难以实现产业创新，虽然集中力量在军事工业和重工业方面取得了辉煌的成就，但工业建设的成果长期无法转化为丰富且不断创新升级的民用消费品，人民的生活长期得不到改善。产业结构上的因素，加上政治体制僵化和官僚系统的腐败等因素，共同导致了苏联的解体。

日本的故事就更复杂一些，对今天中国的借鉴意义也更强。

日本在"二战"后的重新崛起，跟中国改革开放以后的经济高速增长，在经济体制方面有很多相似的地方。也可以说，二者都是政府管控和市场经济相结合的产物。

第二次世界大战结束以后，美军占领了日本。

美国占领军对日本战争时期的大财阀进行了打击，但很不彻底。这些财阀固然失去了对企业的控制权，但由于日本实行的是间接金融体制，也就是企业的资金供应主要由大银行负责，而不是来自直接金融——股市、债券，等等。大银行对企业的控制力很强。美国人并不能理解其中的奥妙，没有彻底改组日本的银行体系。这样，日本政府和传统财阀家族通过对大银行的控制来间接地控制整个国家经济体系的模式就成了日本战后的主导经济模式。这种模式的好处是可以集中力量发展国家的基础性、战略性产业，日本战后的大规模基础设施建设和重化工业的迅猛发展，与此有密切关系。

在此过程中，大财阀们受到的打击也很严重，政府对经济的控制能力大幅度

下降,这又为日本经济注入了通过市场竞争来实现产业创新的活力。

强有力的政府管控加有活力的市场机制,是战后日本经济崛起的体制基础,也体现出一种"多元竞合"的特征。

这二者的结合从汽车产业的发展可以看出来。日本有两大著名的汽车品牌:丰田和本田。丰田属于三井(Mitsui)财阀,这是一家历史悠久的大财阀。在第二次世界大战以前和战争期间,该财阀一直居日本四大财阀之首,是日本经济工业化进程中的重要推动力量,也是日本发动多次侵略战争的重要推手。战后该财阀被美国占领军强制解散,分为很多个独立的企业或小财团,但很快又在日本政府和三井银行的联合扶持下,重新成长起来,而且在经历了市场竞争的兼并重组之后更有活力。丰田汽车就是政府政策和大财阀共同支持的产物。此外,日产、三菱等汽车企业也是传统财阀控制并受到政府支持。

本田汽车正好相反,它是草根创业的产物。其创始人本田宗一郎从修理摩托车起家,逐步进入汽车制造业。通产省一直反对本田进入汽车制造业与丰田等政府扶持的大企业竞争,认为这不利于日本汽车产业集中力量与外国巨头竞争。但战后日本政府的干预手段有限,并不能决定一家民营企业的经营决策。本田最终巧妙地绕过了政府监控,在丰田、日产等巨头的竞争夹缝中成长了起来。在它发展到一定规模以后,日本政府也承认其地位,给予了跟其他汽车巨头一样的支持。这种创业型企业,在传统的日本财阀体制下,是无法成长壮大的。

在汽车产业发展过程中,通产省曾经向汽车企业们询问,最需要什么样的产业支持。日产和三菱认为应该以技术引进为主,跟国外汽车巨头合资;丰田认为应该以自主研发为主,用关税等政策挡住国外巨头,利用国内市场逐步培育本土汽车产业。通产省最后二者兼顾,一方面为合资引进技术提供便利,一方面为外资品牌汽车进入日本市场建立了高昂的关税和非关税壁垒。

本田公司无权参与讨论,但其草根身份决定了它只能走以自主研发为主的发展道路。

这样,日本汽车产业的发展道路并不是按照传统财阀(其地位类似中国的国有汽车集团)和草根创业来区分的。日产和三菱是一条路线,丰田和本田是另一条路线。最后，走技术引进路线的企业发展就相对缓慢一些，丰田和本田成了日本最强的两大汽车品牌。但是这两条道路都为日本汽车产业的发展贡献了技术、人才和市场经验。这也是一种多元竞合。

以丰田为代表的财阀巨头和以本田为代表的草根创业企业的多元竞合，日产、三菱的技术引进和丰田、本田的自主研发两条道路的多元竞合，共同构成了日本战后经济奇迹的基本图景。

在先进的电子信息产业领域，日本国家创新体系的作用就更加明显了，其典型事例就是我们在第二章提到过的日本 VLSI 半导体联合研发体计划。

这个研究计划最早的源头是日本电子工业振兴协会组织的"下一代电子计算机所需的大规模集成电路（Very Large Scale Integration Circuit，VLSI）开发问题"研讨会。这个研讨会在 1974—1975 年的一年多内，每周举行一次，参加讨论会的有通产省的有关官员、各企业研究机构和大学的研究人员。这是一个比较典型的"产学官"交流平台。

在这个交流平台上，来自第一线的研究人员对将来如何研发超大规模集成电路提出了许多看法，这启发了通产省的有关人员，对后来政府主导 VLSI 共同研究起了很大的作用。

1975 年底，日本电报公司（NTT）的一位高级官员访问美国，带回来一个消息，说 IBM 公司正在研发基于大规模集成电路的新一代电脑，预计会在 1978 年推向市场。一旦推出，日本的计算机产业就有可能被击垮的危险。通产省官员通过研讨会平台迅速了解到这个消息，紧急召集几个重要企业来征求意见，寻找应对方案。

各大公司都很重视 IBM 带来的挑战，但又都对开展共同研究不感兴趣。因为各公司都是实际的或潜在的竞争对手，都想要独占自己研发的技术而不愿意让竞争对手从中获益。

通产省最后下定决心，这些公司必须组织起来共同攻克 VLSI 的关键技术。他们一手硬一手软。硬的一手，就是利用政策补贴和银行贷款方面的优惠来向这些公司施加压力：只有参与共同研究的公司才能享受国家在这方面的优惠政策。

软的一手，就是由通产省的技术专家和官员充当共同研究的领导和协调者，只选择那些超大规模集成电路技术开发所需的具有最根本性、基础性、共同性的课题，即对各成员都会起作用的、必需的技术。参加联合研究的公司有平等使用研究结果的权利，商业化开发则由各公司独自承担。

这样的选题原则得到各家的承认。当时确立了六项课题：微精细加工技术；结晶技术；设计技术；工艺技术；检验评价；元件技术。

基础研究由共同研究所承担，设立六个实验室。

基础研究之上进行的应用研究由各个公司自行组织开展。这些公司又自己联合搞了两个联盟出来：富士通—日立—三菱系统的计算机组合研究所（CDL）和日电—东芝系统的日电东芝情报系统（NTIS）。

这样，VLSI 的研究组织实际上分为 3 层。

（1）基础共性技术研究层：通产省直接领导的共同研究所，包括在各个公司设立的实验室。

（2）关键应用技术研究层：大企业根据彼此之间的竞争合作关系自行组织的两个独立的研究联盟。

（3）商业应用技术研究层：各大企业自己的研究团队。

在经费分配上，VLSI 计划的总成本是 737 亿日元，其中 291 亿是政府资助的。其中只有 15%～20% 分配到共同研究所，而 80%～85% 则通过富士通—日立—三菱系统的计算机组合研究所和日电—东芝系统的日电东芝情报系统两个组织投到每个公司内部的应用研究中。

这就构成了一个比较典型的多元竞合的创新体系：政府、研究机构、公益性产业协会、企业等不同的主体联合起来，企业之间既有分工协作，又有市场竞争。政府牵头确保基础共性技术的合作，企业牵头负责市场应用的竞争。通过四年的努力，VLSI 计划总共产生了 1000 多项相关的技术专利，帮助日本半导体产业在激烈的竞争中击败了美国。不仅如此，它还间接地促进了联合体外部分包商的技术进步。例如，佳能和尼康作为提供特殊仪器的 VLSI 计划的分包商，通过共享共同实验室的研究成果，研制出新型打印机。

### 人工智能、5G与物联网时代的中国产业革命

就像 IBM 的下一代计算机惊醒了日本一样，日本 VLSI 计划的成功也惊醒了美国以及日本的邻居——同时也是美国扶持的日本半导体竞争对手——韩国。

美国迅速把日本的 VLSI 联合研发模式学了过去，美国国防部率先学习超大规模集成电路技术研究组合的方式，从 1979 年开始执行一项为期六年的"超高速集成电路开发计划"，预算总投资为 2.1 亿美元。

这次初步的尝试规模太小，主要是军方主导，企业参与不多，未能阻止日本半导体产业的崛起。在半导体设备市场，1979 年美国公司所占份额为 76%，日本公司仅占 16%。前 10 名的公司中，有 9 家为美国公司，日本公司一家没有，但到了 1990 年，日本公司所占的份额上升到 48%，而美国公司下降到 45%，前 10 名的公司中，有 5 家为日本公司，美国公司仅有 2 家。

1987 年，随着日本半导体产业把美国同行打得落花流水，美国政府和企业终于痛下决心，学习日本的 VLSI 联合研究模式，加大国家投入力度。由美国国防科学委员会和美国半导体协会（SIA）共同牵头，在美国政府的资助下，14 家在美国半导体制造业中居领先地位的企业组成技术研发战略联盟，即 SEMATECH。其使命有二：其一，提高半导体技术的研究投入；其二，为联盟内的成员企业提供研发资源，使其能够分享成果、减少重复研究造成的浪费。

SEMATECH 的经费一部分来自政府补助，另一部分来自联盟企业，大体按照一比一的比例投入。SEMATECH 成立五年内，得到了政府 50 亿美元的资助，是日本政府资助 VLSI 联合研究计划经费的十多倍。

SEMATECH 工作中最重要的是半导体制造设备的开发，该项工作占到 SEMATECH 总预算的 60%。跟日本的 VLSI 联盟一样，SEMATECH 集中于基础技术的研发，而不是产品研发。作为一个非营利组织，SEMATECH 从不参与某一具体产品的设计与制造，也不为某一具体产品去做专门的工艺研究，而是由各个公司去承担这些研究，然后拿到市场上去竞争。

SEMATECH 的联合开发研究成果使得所有成员公司在购买、使用和维护制造设备上的成本大为降低。由于制造设备的不断改进，成品率不断提高，大大缩短了与日本公司的差距。美国公司使用美国制造的半导体设备，在 1995 年已经可

以制造 0.35 微米线宽的电路，从而在技术上赶上了日本。

此外，SEMATECH 还努力推动跨行业的信息交流和标准制定。其推出的"合作全面质量管理"计划，为半导体企业之间的质量管理合作创造了条件。他们各自发挥专长，合作研究提高了工艺过程的规范性，同时设备供应商也能不断对设备进行改进，相互促进提高了对方的质量水平。

不仅如此，SEMATECH 还资助半导体方面的人才培养。SEMATECH 的发起方之一——美国半导体协会，在 1982 年成立了半导体研发公司（简称 SRC），每年投资 3000 万美元资助美国大学中有关半导体的研究项目。SEMATECH 与 SRC 之间的关系非常密切，SRC 三分之一的研究经费由 SEMATECH 提供。

自 1987 年启动，运行到 1995 年时，SEMATECH 帮助美国半导体企业重新夺回了世界第一的地位。

我们对比一下 SEMATECH 和日本 VLSI 联盟的异同。

第一，SEMATECH 是美国政府和企业学习模仿日本 VLSI 联盟的成果，由政府直接出面将同行业的竞争企业联合起来应对外国竞争压力，政府（含军方）、行业协会、巨头企业的多方联合是基本特征，经费也是多方共同投入。第二，这两个组织都集中力量研发基础性的关键共性技术，避免不同企业在共同技术研发方面的分散重复投入，而且有利于这些技术的共享和扩散。第三，技术研发方向由企业主导，共性技术都是企业协商提出来的。第四，企业间的竞争关系仍然继续存在，对基于共性技术的应用研究和产品开发仍然由企业自己负责。

总体而言，这二者的相似性很高，不过也有一些细微的差别。日本政府的主导能力更强，联盟的中央管理机构由通产省官员担任，研发人员既有企业雇员也有政府研究机构的人员。而美国政府主导力度要弱一些，SEMATECH 管理机构的成员全部来自成员企业，其首任董事长则是英特尔公司的创始人罗伊斯。政府主要牵头把 SEMATECH 组织起来，负责出钱并监督经费的使用，但不派人管理 SEMATECH，研发技术路线主要是企业决定。

到了 1995 年，美国政府认为本国半导体产业已经成功复兴，战胜了日本，任务完成，就退出了 SEMATECH，把它变成了一个纯民间性质的非营利企业联盟。

SEMATECH 直到现在都还存在，为美国半导体产业发展提供技术研发、企业合作和交流的服务。它还吸收其他国家和地区的企业加盟，如韩国三星和我国台湾地区的台积电都是 SEMATECH 成员。不过，日本企业一直没加入过 SEMATECH，看起来双方都很难忘掉这场产业大决战中的恩恩怨怨。

### 三、硅谷与筑波：两种不同的创新体系

美国和日本在半导体产业领域的大战，同时也是美国和日本两种文化互相学习的过程，是东西方文化冲突与融合的一种形式。

日本从美国人那里学会了市场经济体制，政府统制和财阀垄断的格局得到了彻底的改观，创新精神因此得以激发，才能在汽车半导体等新兴产业中后来居上；美国从日本人那里学到了政府干预具体产业的政策手段，借鉴 VLSI 联盟的做法，组织 SEMATECH 来补贴企业技术研发，推动了本国半导体产业的跨越式发展。

在微观的企业管理方面，美日两国也互相借鉴学习。比如，日本丰田公司的管理机制就是在学习借鉴美国福特公司基础上形成的，被称为"后福特制"管理模式。而在以丰田为代表的日本企业冲击下，欧美国家的产业经济专家们提出了"西方生产体制日本化"的概念。美国在 20 世纪八九十年代也掀起了"企业流程再造"运动，这个运动就是受日本经验启发，针对美国企业的弱点发动起来的。今天，中美之间，也存在着类似于 80 年代美国和日本的这种关系。

半导体产业竞争尽管以日本的失败而告终，但总体来看，对美日两国的经济发展都起到了积极的作用，也推动了全球汽车和半导体产业的进步。

不过，日本在竞争中的落败，对今日的中国也是一个巨大的警示。

日本落败最根本的原因有两个。

第一个重要原因是日本是第二次世界大战的战败国，它的国土上有美国驻军，国家安全依赖于美国。面对美国政府的政治压力，不得不妥协，接受一系列不平等协议，包括让日元在三年内升值 100% 以及承诺给予美国产品一定的市场份额，等等。

这个问题对中国来说基本不存在。中国是第二次世界大战的战胜国，联合国

常任理事之一，不仅国土上没有美国驻军，中国还在朝鲜战争中打败了美国军队，然后又建立了独立自主的国防体系，"两弹一星"和核潜艇等战略装备以及海陆空三军的顶级武器装备都已经达到国际先进水平，基于国家安全的威胁打压是很难对中国见成效了。

第二个重要原因是日本国内市场太狭窄。美国在汽车和存储芯片方面暂时落后于日本，这两个方面后来虽然也追赶了上来，但主要还是依靠互联网产业创新才彻底把日本甩到了身后。在基于互联网应用的通信技术、计算芯片、操作系统和应用软件方面，日本完全没有能力和美国竞争。而互联网经济的特点就是规模效应极强，需要极为广泛的市场空间。一个 Windows 操作系统就可以占据全世界绝大部分的个人电脑终端，谷歌公司的搜索引擎和苹果公司的智能手机操作系统也都是这样。

在互联网和移动通信带来的产业革命中，英语世界具有无与伦比的竞争优势。日语使用范围仅限于日本，而英语的使用范围则遍布全世界，是世界上使用人数最多的两大语言之一。以英语为母语和第一外语的人口是日语人口的十多倍。语言和文化方面的优势，让日本互联网产品在全世界很难和美国竞争。而这一竞争优势，是过去五百多年西方国家持续殖民扩张建立起来的。日本在这方面先天不足。

这个问题对中国来说，也不是一个大问题。英语是世界上使用人数最多的两大语言之一，唯一能跟它相比的就是汉语。英语是使用国家最多，汉语是使用人数最多。汉语的母语人口是 14 亿，比英语的母语人口多了两三倍。而英语只有把母语人口和以英语为第一外语的人口加起来，才能赶得上汉语。

迄今为止，在互联网创新领域，只有中国能在美国之外建立起一套完整的互联网产业生态，在电子商务、共享经济、移动支付方面还超过了美国。这是中国悠久的传统文化根基、庞大的人口基数带来的日本所不具备的竞争优势。

另一方面，中华人民共和国的建立，让十几亿人口摆脱了被英美殖民体系治的命运，并团结起来建设庞大的基础设施体系和工业体系，实现了大规模的脱贫，培育了全世界数量最为庞大的单一国家中产阶级消费群体，才形成有效市场,支撑了中国互联网产业的创新发展。

在未来几十年甚至更长的时间里,这也是中国可以实现产业持续升级的根基。

这两个根本性的问题解决,中国才具备摆脱对美国霸权的依赖,推动一次新的产业革命的可能。

目前有待进一步解决的是第三个问题,也是苏联和日本都没有解决好的问题,就是如何推动国家创新体系从追赶型体系向领先型体系有序过渡。

追赶型体系的特点是要整个国家能够团结一致,集中战略资源在关键环节共同努力。追赶者的优势是目标明确,要在较短时间内把领先者走过的道路重新走一遍。对追赶者来说,前进的速度比寻找方向更重要,因此,团结和吃苦耐劳的精神比创新精神更重要。因为前沿的技术和产业都已经被领先国家发明出来,并且验证过了,需要完全重新探索的地方不多。

到目前为止,中国和日本作为追赶者都是很成功的。中国改革开放以前的高度集中的计划经济体制,实际上是一种极端的追赶型国家创新体系。由于目标高度明确——建立国防工业和重化工业体系,没有什么方向上的争论,因此利用计划经济集中国家一切可以调动的资源来发展这两个工业门类,严格限制民用消费类产业的发展。这里的资源,也包括人的智力和劳动,个人创业和选择职业这样的自由也被基本取消。中国以牺牲了很多个体的选择自由和一代人的消费福利,换来了在极短的时间内建立起完整的国防和重化工业体系——这是在走日本"二战"以前就走过的追赶道路。

改革开放以后的国家创新体系则与日本战后的体系接近,是政府强力干预和市场自发调控相结合的体制。两个国家都因此实现了持续四十年的经济腾飞。日本是从1949—1989年,中国是从1978—2018年。

日本1990年以后的经济发展停滞,除了外部和历史的原因以外,自身体制僵化也是一个重要原因。财阀经济经过四十年的恢复,重新掌控了日本经济,遏制了市场经济的创新活力。我们喜欢用"体制内"和"体制外"来划分人的工作和身份,这种情况在日本也普遍存在。中国的体制内除了政府部门以外,还包括国有事业单位和国有企业。而日本的"体制内"则主要是"政府 + 新财阀"体制。

日本在"二战"结束前的财团被称为财阀，是明治维新后因政府扶持而逐步发展起来的具有垄断性质的大型控股公司。其中最有实力的是三井、三菱、住友、安田四家，通称日本的"四大财阀"。"二战"后，美国占领军认为财阀体制是日本军国主义的经济基础，解散了日本的财阀组织，但保留了其银行组织。从1951年开始，美国又逐步采取了扶持日本垄断资本的政策，促使日本的财阀组织重新组合。

1953年，日本修改了其《禁止垄断法》，放宽了持有竞争关系的公司的股份及兼职的限制。在新的政策环境下，旧财阀的金融机构重新聚集了原来的下属企业，以金融资本、产业资本和商业资本高度融合为基础，演变成日本的新财团。其中以三菱、三井、住友、富士、三和、第一劝银等六大财团最为庞大，从而构成日本著名的六大财团型企业集团，也就是所谓的"新财阀"。

新财阀的体制比"二战"前的老财阀更加开放。不过这些都是细节问题。重要的是：政府和大财阀控制了日本经济，也遏制了日本经济的创新活力。与此同时，日本人也逐渐习惯于在政府和财阀的"体制内"舒适地生活。日本文化下的企业强调等级制和终生雇用制，很多日本人的人生理想就是通过读书考进好的大学，然后进入财阀控制的企业工作，一年一年地熬资历，按照固定的等级逐步向上升迁。即使不能获得晋升，收入稳定生活无忧是没有问题的。这条道路风险极小而又前途远大，聪明而又勤奋的优秀日本年轻人纷纷选择这条道路。

日本在财阀体制之外，有很多中小型的家族企业，以家族成员为核心，世代继承发展，这也是一种"准体制内"的经济创新体系。

在这种情况下，年轻人要想以个体的身份跳出家族或财阀的控制，重新创造一个组织，变成了一件非常困难的事情。类似本田宗一郎草根创业的传奇，在战后财阀遭到重创的情况下可以出现，而在财阀重新壮大以后，就很难再出现了。

这种"体制内"的生活方式，很容易让人丧失创造力。严格的等级和终生雇

## 人工智能、5G与物联网时代的中国产业革命

用的保障,有利于形成团结和勤奋的工作风格,在目标明确的追赶型经济中效果是不错的。但它并不利于出现"颠覆性创新"。保守的经营策略成了日本大企业的共同选择。在从传统制造业向互联网产业切换的过程中,日本那些企业就纷纷"跟不上趟"了。

大企业经营保守,小企业难以成长,这是日本在20世纪80年代以后的新一轮互联网产业革命中落后的又一个重要原因。

反观美国,它能够在20世纪八九十年代掀起互联网产业革命,就跟它自由开放的经济体系密不可分。美国互联网产业创新的核心地区是硅谷,这里就是一个全世界年轻人创新创业的乐土,人员可以自由流动,企业可以方便创立。而且,它有一套很强大的创新支撑体系,让各种新想法新技术都能方便地得到实现,一旦被证明是可行的,一个小企业就可以几乎一夜之间膨胀成为巨型企业——这种创新模式非常有利于颠覆性创新,有利于在发展方向不明确的情况下对产业前沿进行试错和探索,并率先取得突破,是一种领先型的创新体制。

一个典型的例子是日本和美国软件产业的比较。美国企业大量使用商业套装软件,软件公司独立创业做出来产品,然后卖给许许多多的客户。传统硬件企业和新兴软件企业是一种平等的市场交易关系。这样,美国的软件行业就可以作为一个独立产业发展壮大起来。而日本财阀垄断体制下,大企业纷纷在内部研发适合自身的软件,或者外包给软件企业针对企业需要来做,用来作为硬件设备的配套——软件开发就是大企业的附庸。这种自用软件一般无须考虑平台兼容性的问题,只追求内部使用,不需要考虑市场需求,用户数量也很少。

2018年,日本企业用软件大约90%是自己开发或外包的,只有10%是直接购买商业软件。而美国企业购买商业软件的比例则达到30%,是日本企业的3倍。在日本,软件行业只能长期作为硬件系统的辅助系统而存在,无法发展起发达的、独立的软件产业。

有人比较过美国创新中心硅谷和日本创新中心筑波科学城的体制区别,可以很好地说明二者之间存在的巨大差异。

筑波科学城,是日本政府投入巨资在东京附近建设的一个科学研究中心,占

地面积284平方千米。从1965年开始建设，到1985年基本建成。从20世纪80年代末以来，日本全国30%的国际研究机构和40%的研究人员都聚集在这里，国家研究机构大约50%的预算都投入在这里。可以说是举国之力建设而成。但是，从建成至今三十多年，这里并没有培育出任何一家像硅谷的惠普、英特尔、苹果、谷歌、脸书这样的创新公司。而在过去三十多年里，硅谷始终生机勃勃，是全球著名的创新中心和圣地，从个人电脑到互联网，从智能手机到人工智能，无数的企业诞生、成长、衰亡，引领着世界产业和科技创新的潮流。

只需要认真看一下硅谷和筑波科学城的体制，就不难理解造成这种差异的原因。

筑波科学城主要由政府和大公司的研究机构组成。各类研究机构和教育设施，都有他们在东京的主管部门或者总部，接受来自东京的垂直领导。这些机构的研究人员之间缺乏交流，彼此都把眼光放在如何满足来自东京上级的需求方面，而对在筑波的其他机构同行们并不关注，交流也不多。科研人员的理想生活就是在这些大型研究机构中一直干到退休。在筑波科学城搞研究，需要在官僚体制下层层审批，一项科研项目从立项到出成果，一般需要十年时间。在硅谷，美国惠普公司是两个斯坦福大学的毕业生在自家车库创业做起来的。苹果公司也是三个计算机爱好者创立的——自己买零件在家组装电脑，然后500美元一台往外卖，五年以后公司就上市，创始人全部成为亿万富翁。这种事情在筑波乃至整个日本都是不可想象的事，"政府+财阀"的体制不会给年轻人和小企业如此爆发性增长的空间，一切都得按部就班。

而硅谷则完全相反，这里完全是一个"陌生人的世界"。它位于美国西海岸，面朝太平洋，与亚洲大陆隔洋相望，远离美国传统的政治、经济中心——华盛顿、纽约地区。它是美国"西进运动"和"淘金热"推动下，在长期的历史演进中自发形成的产业聚集区，最先来到这里的是梦想到西部荒原淘金和获得廉价土地的冒险家。

这里有海军基地和NASA（美国国家航空航天局）的研究中心，但只起到一个给予大学和科技提供部分订单的作用，并不能主导该地区的经济活动。硅谷主

## 人工智能、5G与物联网时代的中国产业革命

要是来自斯坦福大学的老师、学生以及来自中国、印度等地的亚洲移民自由生活和创业的地方。人们来自五湖四海，在这里自由组成各种形式的组织。大学和企业、企业和研究机构、企业和金融等中介服务机构，彼此之间都通过平等的价格体制来形成合作和竞争关系。企业可以快速成立，一旦经营不善就会快速被淘汰；企业的员工也可以很方便地跳槽或者自己出来创业。在这种快节奏的生活中，科技转化速度和产业升级速度极快。企业的产品和技术水平如果不能达到世界先进水平，很快就会被淘汰；而一旦成功，创业团队就可以一夜之间成为亿万富翁。这种高强度的竞争环境，刺激着这里不断诞生推动世界发展的科技成果和产业形态。

但是，硅谷又不仅是一个淘金者的乐园。它并非野蛮者生存的丛林社会——如果我们简单地认为单靠你死我活的激烈竞争就能推动科技创新和产业升级，那就错了。硅谷有很好的科研力量做支撑，斯坦福大学、加州伯克利大学、圣克拉拉学院等诸多教育科研机构从高到低构成了一个完整的科技研发和人才培养体系。海军和NASA的研究中心以及采购经费，为大学提供研究支持，为初创企业提供最初的订单。

来自亚洲的精英人物们抵达美国西海岸的第一站往往就是临近硅谷的旧金山，东西方文化和不同的思维方式在这里碰撞交流，更容易擦出创新的火花。很多优秀的华人为硅谷的发展做出了巨大的贡献。在1989年，这里就聚集了33万名高科技人员，其中理工科博士六千多人。在总人口中，白人占了大约一半，亚裔占了大约40%，西班牙裔等占了大约10%。而在技术人员中，亚洲人则占了大约60%。

总之，硅谷是一个以多元竞合为特征的领先型创新体系成功的典范。国家的力量——包括政府的教育科研经费支持和军方的订单、市场的力量以及对外开放带来的优秀资源等，在这里充分融合，各种主体激烈地竞争并合作。从基础研究到人才培养，从企业管理到金融支撑，形成了一个完整有效的领先型创新体系。这是它远胜日本筑波科学城的地方，也是中国需要充分借鉴学习之处。

对于"多元竞合"与创新的关系，几个世纪以前就引起了人们的关注，为此

还专门起了一个名字叫作"美第奇效应"。它的含义是：当人的思想立足于不同的领域、不同科学、不同的文化的交叉点上，可以将现有已知的概念联系或混合在一起，迅速组成大量不同凡响的新想法。

之所以叫作"美第奇效应"，是因为它同 15 世纪在意大利突发的创造活动有关。美第奇家族是意大利佛罗伦萨的银行世家，曾出资帮助各种学科以及众多领域里锐意创造的人。由于美第奇以及几个有着相似背景的其他家族的鼎力资助，雕塑家、科学家、诗人、哲学家、金融家、画家、建筑家齐聚于佛罗伦萨。居住在这所城市里面，他们得以互相了解对方，彼此相互学习，从而打破了不同学科、不同文化之间的壁垒。他们一同用新的思想，开创了人类历史上的一个新的思想纪元，这便是后来被称为"文艺复兴"的那个时代。这种情况使得佛罗伦萨成为创造力的爆炸中心，这一时期也是最具有创造力的历史时期之一。

硅谷的创新，是文化上的多元和体制上的多元共同造成的。文化上的多元，是指这里是美国西部"淘金者"文化、中国文化、印度文化等多种文化的汇聚之处；体制上的多元，是指政府的体制、军方的体制、市场的体制都在这里融合，形成了学校、研究机构、企业等多元组织的配合——它也是一种"美第奇效应"。但是，它又是超越"美第奇效应"的，因为它不仅多元，还有激烈的市场竞争和合作机制，人类的创造力在这里才能得以充分激发。

### 四、深圳、东北与潮汕：地方创新体系的三个样本对照

中国也有一个十分类似于硅谷的地方，那就是深圳。

深圳跟硅谷最大的相似之处在于，它们都是一个"淘金者"式的冒险家乐园。在改革开放之前，深圳就是一个小渔村。在之前几千年的中国历史上，这里从未建立过城市——这一点跟美国的西部荒原类似。今天，绝大多数深圳人都是从全国各地过来的"外地人"。大家来自五湖四海，都是想到这里来赚钱。能够离开自己的家乡，前往一个新城市工作生活的人，虽然不像美国当年的淘金者们那样狂热，但多少也是有冒险精神的人物。中国的国土足够大，人口也足够多，多元的地域文化在这里碰撞交流。同时，来自我国香港、台湾地区以及国外的人和资

金也带着各自的文化涌入。因此，深圳也就成了东方文化和西方文化、社会主义文化和资本主义文化以及中国自身的多元地域文化充分混合交流的一个点——这是深圳的文化底蕴。

由于多元的文化交融，且没有强有力的本土传统势力，连政府官员也都是全国各地调过来的，这个地方就特别开放包容，给年轻人、创新者发挥的空间就足够大。颠覆性的产业创新，才能在这里发育成长起来。

可以与深圳做对比的地方有两个，一个是东北，一个是深圳的邻居潮汕地区。

东北是中华人民共和国成立初期大力建设的重工业基地，1952年，东北三省GDP总量为84.6亿元，占全国12.46%。如果看工业的话，东北三省工业产值都在全国前十，工业总值占到了全国的22.8%，接近四分之一，而当时东北三省人口只占全国7.3%。也就是说，东北人均GDP是全国其他地方的1.87倍。

而到了2018年，东北三省GDP总量占全国6.3%，人均GDP仅为全国的80.9%。2014年以来东北三省人口持续减少，至2018年流失人口总量达到140万。在2019年中国城市竞争力排名中，吉林长春位列第47位，是东北三省唯一进入全国前50的城市。目前，东北三省的发展早已经无法与当年相比，东北老工业基地的衰退与振兴也成为中央关注的重点工作。

这里面的原因很复杂，但这些原因中至少包括一条：僵化的经济体制和社会经济结构。

东北的经济体系是典型的追赶型体制的产物。中国为了追赶发达国家，集中资源先建设一套完整的军工和重工业体系。因为搞重工业的目标和路径都很清楚，不需要颠覆性的创新人才自己去探索，大家团结一致加油干就行了。

需要特别强调的是，绝不可以认为追赶型体制就不需要创新。追赶型体制也需要创新，但主要需要的是工艺流程方面的渐进式创新，以此来快速接近发达国家的水平。产业环节有很多工艺知识，靠学习是学不过来的，模仿也没有途径，只能自己探索，这就是一个创新过程。但这种探索创新只是在已有的知识和已经知道可以成功的目标之间建立起联系，而不是完全从已知走向未知。追赶型体制不需要的是颠覆性创新，不需要搞出发达国家也没有搞出来的新技术新产业，不需要为下一代产业发展找到新的方向。

东北这套单一的国有重工业体系在改革开放以后保留了下来。数十年的惯性，让当地人习惯了在"体制内"生活。只要能挤进"体制内"，就可以获得终生的收入和福利保障，追求创新的动力不足。而且，经济资源都掌握在政府和大型国有企业手中。民营企业也不少，但国有经济系统内部的产业链条比较完整，一些小型配套企业也是围绕着大国企要饭吃，生产什么、卖多少钱都受国企采购部门的控制。要想脱离这个体制，自己创业，在现有的经济系统之外搞出来一个新的产业，非常困难，几乎就没有生存的空间。所以，在以电子信息和通信互联为核心的新一轮产业革命中，东北就跟不上国家发展的步伐，被远远甩在了后边。

这种情况不能简单地说是国有经济的弊病，更准确地说——它是经济体系单一化、社会利益结构固化的弊病。因为，传统资源产业和重工业基地在颠覆性的产业升级过程中衰落，这种现象在全世界范围内都是比较常见的，在资本主义国家也很常见，并不是国有体制独有的问题。

德国的鲁尔区和美国的五大湖"铁锈地带"都曾是传统的重工业和资源型产业基地，也都随着国家的经济转型走向衰落，几十年了，还是没有恢复到当年的地位。

德国的鲁尔区，一度因为煤炭资源丰富、重工业发达而被称为"德国工业的心脏"，是德国发动两次世界大战的物质基础。战后又在西德经济恢复和经济起飞中发挥过重大作用，工业产值曾占全国的40%。但是，20世纪70年代以来，随着煤炭、钢铁等传统工业的衰退，鲁尔区与世界其他老工业区一样面临着结构性危机，鲁尔区德国经济中心的地位下降，现在其工业产值仅占全国不足六分之一。

为了解决问题，鲁尔区开展了几十年的区域整治工作，德国政府也鼎力支持。四十年过去了，鲁尔区发展得怎样了呢？应该说城市还规划得比较漂亮、环境搞得还可以，但要说经济发展，整体而言并不尽如人意。

2011年，鲁尔区所在的北莱茵—威斯特法伦州，人均GDP只有40329.63欧元，低于德国的平均水平40521欧元。而且，德国的这个全国平均水平还是把比较落后的东部地区算进去的平均值，如果去掉交通不便的东部地区，单纯拿鲁尔区所在的西部地区来比较，鲁尔区还要落后得更多。据2014年2月24日《欧洲时报》报道，德国鲁尔区十年来贫困率攀升了27%，已成了德国最穷困的地区之一。

比德国鲁尔区更糟糕的是美国的"铁锈地带"。在19世纪后期到20世纪初期，美国中西部的五大湖地区，因为水运便利、矿产丰富，成了重工业中心。钢铁、化工、伐木、采矿等行业纷纷兴起。匹兹堡、扬斯敦、克利夫兰、芝加哥、哈里斯堡、伯利恒、布法罗、辛辛那提等工业城市也一度相当发达。然而，随着资源的枯竭和美国自身产业结构的转型升级，这些地区的重工业也就纷纷衰败了。很多工厂被废弃，而工厂里的机器渐渐布满了铁锈，因此被称为"铁锈地带"。这些地方直到今天还是很衰落。

位于这个"铁锈地带"的匹兹堡曾是美国最著名的钢铁工业城市，有"世界钢都"之称。美国历史上著名的钢铁大王卡耐基就是从这里发家的。20世纪初，这里最繁华的时候有六十多万人。但是从70年代开始衰落，至今，四十年过去了，人口只有30多万人，减少了一半。20世纪初的时候，美国总人口只有1亿多人，现在有3亿人，增长了两倍，而匹兹堡人口却减少了50%，可以看出它的相对衰落程度。

还有美国历史上著名的"汽车之城"底特律，曾经也是美国最重要的重工业城市。因为汽车产业比较高端，比那些以钢铁、化工为主的城市维持了更长时间的繁荣。但是，2008年经济危机以后，底特律也彻底衰落了，中心城区变成了无人居住的"鬼城"。七八年过去了，底特律至今还在不断衰落当中。

实际上，西方市场经济国家，并没有探索出一条资源型城市和传统重工业基地转型升级的成功道路。他们的产业升级，往往都伴随着先进产业的空间转移，也就是传统产业发达地区衰落，新兴产业在新的地方成长起来。偶尔有搞得还可以的，比如匹兹堡在少了30多万人之后，重新规划搞金融、互联网和医药产业，现在重新振兴了起来，但所花的时间也远远不止十年——它从60万人减少到30

万人的那几十年是非常痛苦的。

所以，把中国东北地区、德国鲁尔区、美国"铁锈地带"的衰落综合起来比较，我们可以说，重工业区域衰落的问题不是国有还是非国有的问题，关键在于经济系统是不是符合"多元竞合"的特征。如果经济系统主体单一，核心资源由少数巨头控制，产业链条上的企业主要是互相配合而缺乏竞争，那么，不管是社会主义国家还是资本主义国家，不管是国有经济主导还是非国有经济主导，不管是市场经济还是计划经济，这个经济体系必然会缺乏创新精神，也必然会在颠覆性的产业革命中被那些能充分实现多元竞合的后来者轻松赶超。

广东超过东北，硅谷超过五大湖地区，都是这个道理。

东北的情况最近几年社会舆论讨论得比较热闹。但要说明深圳创新体系的特殊性，光拿东北做对比还不够。东北有很多特殊的问题，很多地方不能跟深圳直接比。比如，东北的地理位置在中国范围内来看是比较偏的，通过"鸡脖子"与华北相连，在中国算是一个比较孤立、封闭的经济区。它的北方没有入海口，南方的大连港、旅顺港又离经济腹地比较遥远，而且辽东半岛多山，也没有大江大河把海港和内地中心城市连接起来，海港对内地的辐射能力有限。内部虽然有大平原的优势，但河流冬天会冻住，对交通运输影响很大。现在虽然修了高铁，到了冬天还是要降速到 200 千米/小时才能保证安全，相当于南方地区的动车速度。而为了防冻，建设运营成本也要高出许多。

按照东北的地理区位条件，它原本应该一直就是中国的落后地区才对。在中国古代，它也一直是蛮荒之地。东北真正发展起来是近代，先是俄罗斯在这里修铁路，并获得了沿线地区的资源开采权；后来日本人占领了东北，利用东北煤炭资源丰富的优势，把东北建成它在东北亚的重工业基地，这才是东北大发展的时期。这个时候东北的发展，是利用它靠近朝鲜的地理优势，通过朝鲜跟日本联通。后来，东北又因为靠近苏联而受益，成了重工业中心。

所以，东北能发展起来，主要原因就是两个：一个是靠近日本和苏联的地理位置，第二个就是它自身的煤炭等自然资源丰富。这是最核心的原因。现在这两个核心原因都出问题了——苏联解体了，俄罗斯经济严重衰退，自顾不暇，东北

## 人工智能、5G与物联网时代的中国产业革命

靠近俄罗斯反而成了劣势；朝鲜半岛处于分裂状态，图们江出海口又被清政府丢给了俄罗斯，东北通过朝鲜半岛跟太平洋、跟日本的联系基本被切断了，变成了一个半封闭的地区。煤炭资源经过几十年的开采也面临枯竭。这种情况下，它要想不衰退，很难。在产业结构单一化的情况下，要想成功转型，就更是难上加难。

自从秦始皇统一中国以来，几千年的历史上，东北经济除了在计划经济时期，其他时间都是落后于南方沿海的。现在它的发展比不上南方沿海地区，也不仅仅就是一个体制和产业结构的问题，而是受到一个更宏大的趋势的制约。

所以，我们还需要拿另一个地方来跟深圳做比较，才能得到更清晰的结论。这个对比案例，就是汕头以及它周边的整个潮汕（潮州—汕头）地区。潮汕地区在改革开放的时候基础比深圳还要好一些，也是广东沿海，虽然没有直接挨着香港，但港商要过来投资也方便。

中国刚开始改革开放的时候，搞了5个经济特区，深圳、珠海、汕头、厦门和海南。目前来看，深圳是搞得最好的，而汕头是搞得最不好的。

汕头本身的条件不算差，当年之所以列为经济特区，就是因为它底子好，对外开放方面走在了全国前列。跟深圳一样，汕头和香港的联系比较密切。香港首富李嘉诚就是潮汕人。潮汕商人在海外经营非常成功，根据"2018年胡润全球富豪榜"，共有79位潮汕籍商人上榜，上榜财富总额超过2万亿元。当时中央也看好汕头，认为可以吸引一大批潮汕商人回老家投资，在对外开放招商引资方面给全国做一个表率。

但实际效果非常不好，1980年汕头市实际吸收外商直接投资占全省比重1.3%，在1998年达到高峰7.8%之后回落至1%左右，到2018年该比重仅为0.4%。2018年，汕头人均GDP只有44792元，位列广东省内第13名，比位于广东北区山区的韶关、阳江还低。长期以来，东北甚至整个北方地区，都被认为受计划经济体系影响比较大，而深圳这种改革开放的新地区，没有计划经济的影响，市场竞争充满活力，才能发展这么好。但潮汕地区跟深圳也是一样的，受计划经济体制的影响很小，国家改革开放的政策也给得最早。这里长期处在国家战略发展

的边缘甚至外围地带，不仅没有大型国企控制地方经济，连社会主义改造都做得不彻底，有些地方还保留有私有土地。潮汕商人的生意头脑在全世界都有名。潮商是中国传统的三大商帮，号称华商第一族。如果只按照市场经济和计划经济的"两分法"来看待地区经济发展，无法解释生意头脑如此灵活、经商传统如此浓厚的潮汕地区长期发展不好的原因。

潮汕地区地形不够平坦，做大规模的工业不容易，可是做轻型加工和对外贸易是没问题的。但作为经济特区几十年，它的发展不仅比不上个其他4个特区，连泉州、温州、义乌这些同样不在交通要道上的沿海山区都比不上。

既不是地形地理问题，也没有受计划经济体制的影响，为什么这个地区作为国家首批经济特区，几十年来经济发展如此之差呢？

核心原因还是人的问题，是当地社会结构和人文环境的问题。

在特区成立30周年的时候，汕头大学法学院公共管理系教授黎尔平写了一篇文章——《汕头——败得一塌糊涂的经济特区，为什么》。文中深刻反省了其中的原因：

> 汕头独特的地理位置塑造了这里独特的文化。自秦汉以来，南迁到这里的中原人一直被封闭在"省尾国角"里，因此，潮汕人保持着完好的"唐朝口语"——外地人很难学会的潮汕话，保持着传统的汉族农耕文化，这种农耕文化的核心要素是人我之间最为核心、坚不可破的纽带，是家族血缘关系，外人决不能进入。因此，潮汕人讲血缘，重亲情、乡情，不讲规则和法制，这是潮汕文化之首……

> 讲关系、不守规则、能吃苦和冒险这四个文化特点，使得中央给特区特殊政策全变了味。

> ……

> 与深圳珠海不同的是，在汕头定居的外地人不多，当我们以市民社会、政府和市场三分法来考察汕头时，现在的汕头是一个无市民社会的传统民间社会。在这个社会中，社会构成是以家族血缘关系为核心，之后往外扩至乡情，再扩至政府和市场。或者说，社会、政府和市场是家族化和血缘化的。

### 人工智能、5G与物联网时代的中国产业革命

潮汕人在世界其他地方经商能做得好，也是因为他们喜欢按照宗族血缘关系来抱团，到了异国他乡能快速立足，找到一群可信赖的同乡一起打拼创业，快速打开一片天地。而在潮汕商人的老家——整个被家族势力严密控制的潮汕地区，则根本就不存在通过创新创业打开一片新天地的空间。所以，能在全世界都很成功的潮汕商人、毗邻发达的深圳以及跟深圳同一时间设立的全国经济特区，这些资源就是没法在潮汕地区发挥作用，助推那里的经济发展。

东北是计划经济的影响，潮汕是宗族势力的控制，日本是新财阀控制，源头不一样，但最终结果是一样的——在没有多元竞合的地方，经济体系就会丧失创新活力，尤其是不可能给颠覆性创新留下足够的空间。文化和思维模式的多元、企业主体的多元、社会结构的多元、产业门类的多元，这些"多元的多元"，是颠覆性创新诞生的肥沃土壤。深圳和硅谷，对比东北、潮汕和日本筑波科学城，一再说明了这个道理。

当然，我们也要看到，东北的计划经济，曾经有力地推动了中国的重工业建设，也造就了东北经济几千年以来唯一的辉煌时代；潮汕的宗族传统，帮助潮汕商人在全世界范围内取得成功；日本从旧财阀解体到新财阀形成的过程，也是其重新崛起的过程，筑波科学城在纯粹的科研方面也成果颇丰。

万事万物总是有利有弊，不同的经济组织模式，对应着不同的发展任务，在不同的时期起到的作用也不一样，其优劣也不可简单地一概而论。只有在明确了发展的目标和任务之后，我们才说得清楚我们需要的是一种什么样的国家创新体系。

中国现在正处在从追赶型经济体向领先型经济体转型的关头。短期来看，追赶还是主要任务，但有些领域已经领先了，必须认真思考"领先或者与领先者并驾齐驱以后怎么办"的问题。对于追赶型创新体系，中国自己的以及日本的经验都很多，要充分继承和吸收利用。同时，要在坚持多元竞合理念的情况下，更多地借鉴、推广来自深圳和硅谷的成功经验，给予科学研究、个人创业和中小企业创新成长更多的支持和发展空间，让新一代创新者们自由地去探索未来产业的发展方向。

## 五、一个完整的国家创新体系应该是什么样的？

讲了那么多理念和例子，我们来看一下一个完整的国家创新体系应该是什么样的。它非常复杂，涉及的产业、制度、主体都非常多。人们会从不同的视角来研究这个体系，从不同的视角看，会得到不同的启发，综合起来，才能对整个体系有一个比较完整的认识。

我们重点关注以下几个视角：技术的视角、产业的视角、应用的视角、主体的视角和生态的视角。

### 1. 技术视角的创新体系

先看一下技术的视角。也就是把技术分为基础理论、共性技术、应用技术、工艺流程、商业设计等不同层次，越是上层研发难度越大、周期越长，但影响范围越广泛。基础理论一般是国家投入，一些超级底层的前沿技术如高能物理、受控热核聚变等，则是众多国家联合投入。

此外，诸多社会公益资金也会通过资助高校研究教学的方式支持基础理论研究。而一些超大型企业，为解决自身发展需要，同时也出于为人类做贡献的目的，也可能建立自己的基础科学研究机构，但一般来说还是偏向为企业产品战略服务的共性技术而非基础理论。而越往技术下层走，进入应用技术、工艺流程的层次，研发难度就会降低、周期缩短，而且收益会比较直接，因此企业个体投入研发的比例就会提高。

不同的组织围绕技术层次展开创新的分工合作，同时也有所竞争——这是从技术视角对创新体系的解读。

在这个技术分层体系中，技术从上层往下层转换，都可能遇到障碍，被称为创新的"死亡之谷"。基础理论要变成共性技术，共性技术要变成应用技术，应用技术要变成可以直接规模化生产的工艺流程，工艺流程生产出来的东西有足够好的商业设计能卖出去，都不是一件容易的事情，一旦某个环节转换失败，产业创新就无法实现。

## 人工智能、5G与物联网时代的中国产业革命

表2　　　　　　　　　　围绕技术层次展开的创新体系

| 技术层次 | 投资主体 | 组织形态 | 举例 |
| --- | --- | --- | --- |
| 基础理论 | 国家、国家联盟、社会公益资金 | 顶级综合类高校、国家科学院 | 德国马克斯·普朗克学会、美国NIH、斯坦福大学、中国科学院、美国国家实验室、日本理化研究所等 |
| 共性技术 | 政府、特大型企业、产业联盟 | 专业高校、国家重点实验室、特大企业研究院等 | 德国慕尼黑工业大学、通用中央研究院、阿里达摩院、TD-SCDMA产业同盟、SEMATECH、日本VLSI联合研究所 |
| 应用技术 | 地方政府、公益性研究协会、大中型企业 | 研究协会、企业研发部门、技术型创业团队 | 德国弗劳恩霍夫应用研究促进会 |
| 工艺流程 | 企业 | 企业研发团队、一线工人、外部技术咨询单位 |  |
| 商业设计 | 企业 | 企业市场部门、外部设计单位 |  |

如何有效地对接各个层级的创新主体之间的关系，跟如何组建创新主体一样，都是建设创新体系需要处理的大问题。

2. 产业视角的创新体系

除了技术的视角，还有产业的视角，主要是基于产业链和价值链的视角。基于产业上下游分工和周边配套的聚集，会形成产业集群。世界各地的经验都证明，产业集群可以极大提高一个地区的产业竞争力。除了共享原料、劳动力和销售渠道等传统意义上的"聚集优势"以外，集群内部会通过竞争与合作推动创新，实现产业持续升级。产业集群本身，就可以视为一个创新体系。

中国过去几十年的经济增长和产业升级，成千上万大大小小的产业集群是一支重要的推动力量。通过产业聚集，一个地区就在某个细分领域占据了全球大部分的市场，这是很厉害的。例如：广东中山市古镇镇被誉为"灯饰之都"，灯饰照明销量占全球70%；开平市水口镇是中国水龙头生产基地，生产全球30%的水龙头；小榄镇被称为"南方锁城"，锁具市场规模占全国40%；扬州杭集镇是"世界牙刷之都"，牙刷产量占全球40%、全国85%的市场份额；浙江桐乡市濮院

毛纺织集群每年生产羊毛衫超过 6 亿件，占全球市场份额的 50%；广东新塘镇是"世界牛仔裤之都"，高峰时期年产 8 亿~10 亿件牛仔服装，占全国产量的 60%，贡献了全国牛仔出口量的 40%……

这些聚集型产业都是从最简单的手工加工开始做，然后慢慢地购买机器，再自己做设计，最后升级为做部分装备制造和技术研发。一步一步地走过来，创新活动非常细微但如同滴水穿石一般，经过几十年的发展，都从简单的手工作坊形态发展到自动化甚至智能化、科研化的层次。

珠江东岸的电子信息产业集群，现在是全世界最大的产业集群。珠江西岸的家电产业集群的发展之路也是如此：刚开始给外国家电企业做代工，然后引进生产线，做简单的组装，做自己的品牌，自己搞设计，然后搞研发，先做简单的零部件，再做核心零部件。佛山顺德的美的公司，家电的事业做大了以后，在 2017 年收购了德国高科技企业库卡，大力发展电器生产的机器人，从家电升级到家电装备智能化。这个升级速度是很快的。

产业集群创新的主要方向，是沿着产业价值链往上走，也就是逐步从产业链条的低端环节上升到高端环节以及不断提升产品自身的技术含量。但单一的产业集群在推动创新方面可能会过度强调工艺创新、设计创新，而缺乏颠覆性创新。比如义乌的小商品城，这是我们以前经常讲的一个产业集群经典案例（参见《城市战略家》第一卷）。它从水泥台子木头杆子的第一代市场，用 30 年的时间，逐步发展到第四代现代化商城，把小商品的生意越做越大，商品种类也越做越多，成了全世界的小商品交易中心。

但是在互联网兴起以后，面对电子商务这种颠覆性创新的冲击，企业的发展就遇到了比较大的困难。现在很多著名的"专业镇"也面临着类似的问题。集群企业由于地理、制度、认知的邻近性，创新成果很容易因为频繁的人员流动和知识交流被模仿。长三角和珠三角众多制造业专业镇里，"搭便车"和模仿侵权问题严重，降低了整个集群的创新活力和创新动力，颠覆性创新更是缺乏相应土壤。王缉慈在《创新的空间》中以浙江诸暨市大唐镇袜业集群为例指出，虽然大唐镇的制袜产业在过去三十多年经历了高速发展，但在 2015 年以后，其劳动密

### 人工智能、5G与物联网时代的中国产业革命

集型、出口导向型和高度专业化的发展模式正面临着挑战。大唐袜业过于依托国际代工订单式生产，技术创新不够，因此受国际经济危机和国外贸易保护政策冲击较大。

要保持产业集群的创新能力，产业集群自身也要多元竞合。不同类型的优势产业集群之间如果能够实现交流融合，出现颠覆性创新的机会就会大大增加。许多专业镇出现创新乏力的情况，即与产业结构过分单一有关。而那些集中在大中城市的优势产业集群，受益于多个产业集群的融合，往往能更快找到新的升级方向。比较典型的是深圳的无人机产业，它就是深圳的电子信息产业和新材料产业等多个产业融合的产物。

深圳的碳纤维产业原本是为自行车、钓鱼竿等消费品制造业服务的，主要不是用于电子信息产业。无人机需要电子信息产业的有关技术，包括遥控、拍摄等，但它又跟手机和遥控汽车不一样——得飞起来，同样的电池电量要飞得高、飞得久，就需要有高度轻量化且足够坚硬的材料。这时候，碳纤维——这种新材料发挥的作用就很大了，它的特点是既轻巧又坚硬。此外，无人机的旋转机翼，需要伺服电机驱动，这又跟电子信息和普通消费品无关了，主要是用在生产线上来驱动机器人的。深圳市政府多年前为了支持机器人产业的发展，投资5000万元研发了伺服电机中的一种关键磁性材料，让深圳的电机产业有了核心技术。由于深圳同时有着3个原本互不相关的优势产业集群——电子信息、碳纤维、伺服电机以及其他相关产业配套，才在短时间内催生了无人机产业的蓬勃发展。

不管是产业视角还是技术视角，"跨界创新"都是创新的重要来源。多元化的聚集让中心城市相对于专业镇拥有巨大的创新优势。中国在接受发达国家制造业转移的过程中，许多专业化的乡镇、县城快速崛起，形成优势产业集群。但在过去十多年，中国开始在中高端产业与发达国家展开正面竞争，中心城市快速发展而诸多位于县乡地区的专业产业集群则相对衰落，正是多元跨界对创新驱动能力的一种体现。

从国家创新体系的视角来看，产业集群的创新能力是不可或缺的。产业集群的创新和基础科学的创新链条必须有机结合起来，才是一个真正优秀的国家创新

体系。产业集群可以培育数量巨大的熟练劳动力和中小企业家,可以将科技创新转化为商业利润,转而投入支持进一步的技术研发,还可以向技术研发层面反馈市场需求,通过实践发现技术问题并及时改进。缺乏了这些支持,单纯的科技进步会缺乏长期可持续的动力。

美国在基础科学和前沿软件领域领先世界,但是其"制造业空心化"现象严重。由于缺乏制造业根基,它在推动软件技术与制造业相结合的"工业互联网"方面的创新就长期难以取得重大进展,反而被软件产业相对不那么发达的德国超过。经过十年的明争暗斗,2008年,美国工业互联网巨头通用公司宣布出售其工业互联网项目Predix,而德国"工业4.0"巨头西门子则继续高歌猛进,到今天已经成为全球工业自动化无可争议的领头羊。这就是技术创新得不到产业链创新支撑而失去后劲的一个典型案例。

中国通过七十年的艰苦奋斗,建立了全世界最全的制造业门类体系,并依托制造业的应用和利润,快速推动着各行各业的技术创新。尽管从产业应用层面往技术开发层面的进展相当艰苦,但脚步却非常扎实。美国在高科技研发方面居于领先地位,中国在产业应用的广度和深度方面居于领先地位。中国要建立完善的创新体系,一方面必须巩固产业优势,一方面必须大力弥补前沿科研领域的短板——这是一个基本思路。

深圳的创新体系,其实是从产业链条创新开始的——通过"三来一补"的外贸加工行业,引进国外的资金,利用国内的资源和劳动力,快速建立起了庞大的电子信息等主导产业集群。在产业链的创新驱动能力方面,实力可谓相当强大。但是,基础科研一直都是深圳的短板,高端人才缺乏,本地源头创新能力不足。

为了弥补这方面的短板,深圳通过合作建分校的方式,在2008年前后引进了北京大学、清华大学、中国科学院等顶级大学分校或分院,建立了南山大学城和虚拟大学院等基础科研聚集区,又花大钱引进国内外一流的理工科人才自建了南方科技大学。此外,政府又出钱资助建立了一大批大科学装置,以此来提升对科技人才的吸引力和科技研发能力。

比较典型的就是生物学研究的最新核心设备"冷冻电镜"。这个设备很贵而且占地面积很大。清华大学狠下决心也就买了两套冷冻电镜,就吸引了好几个国外一流的华人科学家回国。深圳则一口气就买了六套——占了全球冷冻电镜安置量的百分之五,其中有一套的某些核心参数还是世界第一。有了这样的设备,国内相关领域知名专家就陆续加入南科大冷冻电镜中心。因为很多生物学实验只能用这个设备做,南方科技大学因此从清华大学引入了多名教授——目前国内在冷冻电镜技术方面唯一的院士隋森芳成了南科大顾问,三位获得2017年诺贝尔化学奖的科学家中,有两位也已经来到南科大参观、交流,并展开合作。

正是由于深圳在基础科技领域十多年来大力投入,让它和本地的多元产业链优势相结合,才让深圳在创新能力方面走在中国乃至全世界的前列。它是中国的深圳样本,也为中国日后推动创新体系的建设完善提供了很好的案例参考。"技术研发和产业聚集,两手抓,两手都要硬"应该是建设国家或区域创新体系的一个原则,二者不是一个谁单方面依赖谁的关系,而是一种互相支持互相推动的共生关系。

3. 应用视角的创新体系

产业相对基础理论和共性技术来说,相当于是一种应用。只有通过实际应用,技术才能得到检验和完善。技术与应用之间的关系,类似于社会科学中的理论与实践的辩证关系,理论指导实践,实践检验和发展理论。不过,产业的应用还不是一种终端应用。最终,消费者才是终端应用。

终端应用与产业发展的关系,一如产业与技术的关系,也有实践和理论的辩证关系的味道在里边。一个产业创造的产品和服务,只有得到终端应用的机会,才会被检验、反馈,然后获利、修改、进步。终端应用的需求,也是产业创新和技术创新的重要拉动力量。

创新的驱动,有两种比较本质性的动力,一个来源于对创新的欲望本身,也就是人类的"求知欲",所谓"学以致知",创新本身就是一件很有趣很有价值的事情,即使创新出来的技术和理论在很长一段时间内根本看不到实用价值,也会有无数的科学家、爱好者投身于单纯的创新活动,这是创新的"源头推动";另一个比较本质的动力,就是人类对物质和精神财富的欲望。创新活动可以让人类这方面的欲望得到更好的满足,这是创新的"需求拉动"——一推一拉,构成了创新链条的两端。

人类的欲望核心有两个,一个是免于恐惧,一个是免于匮乏。前者推动了军事技术的进步,用于提高破坏力和防御暴力的能力;后者推动了民用技术的进步,生产出大量供人类使用的商品和服务。

因此,从大类来看,推动创新的应用场景主要就是两个:一个是军用,用来创造暴力;一个是民用,用来创造财富。政府应用一般也被视为民用。这样,民用领域又可以分为终端消费、产业应用和政府应用。

通过"创造应用场景"来推动创新是一种常见的手段,并且在产业领域、政府领域和军事领域都不乏案例。

比较典型的案例是意大利的意法半导体,他们研发了可以感知物体运动速度和方向的"微机电系统(MEMS)",也就是把速度传感器等一系列元器件集成在一个非常小的空间内,相当于一个专用芯片传感器。但这个技术研发出来以后,一直找不到合适的产业用户。

意法半导体并不直接生产给消费者使用的商品,单独的一个微机电系统也没法供消费者使用。为此,他们就主动去找下游厂商,一起研究怎么用到消费应用领域。终于,在2006年,意法半导体与日本的任天堂公司一起,找到了可以在游戏机领域用来感知手柄的运动。任天堂公司推出了一款可以感知运动的游戏机Wii,大获成功。这样,意法半导体通过为客户(游戏机公司)创造应用场景,也就为自己的MEMS技术打开了商业空间。

后来,他们又用类似的方法,将其微机电技术运用到了苹果公司的手机上,他们说服苹果公司在其手机中内置了好几个微机电传感器,用来感知手机的横屏和竖屏状态以及计算跑步步数等。随着苹果手机的畅销,微机电技术也得以广泛应用,并在广泛应用的基础上快速进步演化,推动了微机电技术的创新进步。意法半导体公司自然也是跟着赚了个盆满钵满。

在政府领域,创造应用场景的案例就更多了。

以新能源汽车为例,在2017年底,深圳市就率先实现全市专营公交车辆纯电

### 人工智能、5G与物联网时代的中国产业革命

动化，成为全国乃至全球特大型城市中，首个实现公交全面纯电动化的城市。通过政府购买和率先使用新能源电动车的方式，将公共交通这个应用场景提供给了新能源电动车。公共交通汽车载客量大、使用频率高，可以有效地检验新能源技术的实际运营能力。一方面，政府采购让企业获得了市场和资金，可以用于后续的研发和生产；另一方面也通过实际应用和反馈，推动新能源技术的进步。这是一个一举两得的好事情。

华为公司的崛起，就跟中国政府创造的"应用场景"密切相关。通过持续的大规模通信基础设施建设，创造了巨大的通信市场，这就是一个极大的"应用场景"。具体来看，每一次大规模建设所采购的交换机，都是一个巨大的"应用场景"。其中，3G的中国标准制定，是一次具有重要意义的应用场景。在这个应用场景中，像苹果公司这样的国外巨头因为其"傲慢"和反应迟钝，没有及时进入，不发布针对TD-SCDMA的有关设备，把一块巨大的市场拱手相让给了华为等中国企业，为中国通信企业的快速崛起创造了历史性的机遇。

今天，华为的海思芯片已经成为中国芯片产业的中流砥柱。它的存在也跟政府创造的应用场景密不可分。

2004年，海思半导体作为一家华为子公司正式成立的时候，任正非拍板，每年给海思4个亿做研发。但也定了个目标：招聘2000人，三年内做到外销40亿人民币。招人的目标很快就完成了，销售目标却遥遥无期。

海思刚开始的技术水平，没办法一下子做出来能在手机上用的芯片，必须从低端做起。他们瞄准的第一个产业是做手机SIM卡的芯片。立项的时候，市场上一片手机SIM卡的芯片卖到几美元。等做出来的时候，价格已经跌到人民币几元一片了，根本赚不到钱，海思直接放弃了这个业务。第一个项目就失败了。

当时华为正在开发自己的电视机顶盒，海思领导层就找到机顶盒团队，想让他们先试用。但被拒绝了。因为机顶盒这个项目组压力也很大，上头给的业绩指标和完成时间都很苛刻，完不成就解散团队、项目撤销，他们不敢冒险用未经自家检验的芯片，还是选择了外购。如果长期找不到合适的应用场景，海思芯片也就很难成长壮大。

关键时刻，政府应用场景挽救了海思。那些年，中国在大力推动数字安防建设，其中一个需求就是在城区、银行等地方大规模安装摄像头和录像存储设备。安防建设关系到国家安全等机密内容，国外企业很难进入。这也就为国内企业的发展创造了一个内部竞争的应用场景。中国安防领域两大巨头——海康威视和大华开始崛起。这两家巨头都需要找到性价比合适的芯片来用到他们的安防设备上。

国外的企业一方面有安全方面的顾虑，另一方面，国外由于文化和制度环境等因素，大规模安装摄像头被认为侵犯公民自由和隐私，他们就没有这样一个大规模的应用场景，所以国外巨头在这方面的技术和产品也不成熟。这就为华为海思提供了千载难逢的机会。2007年，他们首先是跟大华股份达成了协议，为大华的录像存储设备提供芯片。这是华为海思成立后得到的第一笔大单。后来，海康威视也找到华为合作。政府安防采购——通过海康威视和大华股份两家民营企业，就这样成了华为海思芯片成长的关键性应用场景。

有了这样两个大客户，海思芯片才实现了三年外销40亿的目标，后续研发扩张有了基础，并且更重要的是，得到了大规模实际商用的检验，供应链、可靠性和售后服务等经受住了考验。一直到六年以后，海思的芯片K3V2才得到了在华为自家手机应用的机会。政府安防应用场景支持了海思此前六年的发展。

今天，华为芯片仍然是安防存储领域的霸主。所以，在中国芯片产业的发展中，政府不仅支持了国有企业龙芯、申威，还通过特殊的应用场景支持了民营企业海思。从这个案例的实际效果来看，政府创造应用场景比政府直接投资支持还要更好一些。因为在应用场景中，各种企业之间会存在激烈的竞争，只有符合应用需求、能经受应用考验的企业才能胜出，而直接投资则会削弱这种竞争。创造一个场景，让不同的企业去竞争，是政府推动经济发展和技术进步的一个重要且非常有效的手段，也是我们完善政府和市场的关系过程中需要特别重视的一点。

4. 主体视角的创新体系

从创新的主体来研究创新体系，也是一个关键视角。所谓主体，就是指人、由人所组成的机构以及它们之间的相互关系。这个关系涉及空间格局和制度安排

### 人工智能、5G与物联网时代的中国产业革命

等相关的内容。

本章前面部分提出的"多元竞合",实际上就是讲政府、军方、研究机构、国有企业、民营企业等多种机构之间的多元竞合,是一种主体视角的提法。这些主体之间的关系,则通过制度安排来调节。好的制度能够让多元的主体各自扮演好自己的角色、完成好自己的任务,彼此之间通过竞争和合作来共同推动创新。

我们都听说过一句俗话,叫"屁股决定脑袋"。也就是说,人坐在不同的位置上,会从不同的角度去思考问题。历史上一个比较经典的案例,就是美国证券交易委员会的首任主席——约瑟夫·肯尼迪。他原来是一个著名的金融投机商,依靠各种金融投机大发横财。但在1934年被罗斯福总统任命为首任证券管理委员会主席,专门负责打击证券投机。这个任命被很多观察者嘲笑为"派一只狐狸去看守鸡窝"。但他上任以后,利用自己对金融投机的深刻理解,严厉打击各种非法证券投机,制定了比较完善的证券交易监管法规,政绩斐然。同样一个人,在私营金融机构工作的时候就研究如何利用监管漏洞挣钱,在监管部门工作就研究如何把监管漏洞补上。这就是人在不同的位置上从不同视角思考问题的典型。

当然,"屁股决定论"并不总是会把事情往好的方面引导,它的前提是在不同位置的人都能够忠于职守,而不是贪赃枉法。

一般来说,政府组织倾向于从全局和长远来考虑问题,而且不同层级考虑的范围和时间长度也不一样。中央政府负责全国和远期的战略,地方政府则更多地从本地区和中期来考虑问题。对应创新活动来说,基础理论和关键共性技术的研发创新,由中央政府来规划和资助比较好;地方政府对创新的支持,则更多体现在具体产业共性技术和建设公共支撑平台方面。企业作为追求盈利的主体,则在推动技术的商业应用方面具有优势。越是大型企业,越需要更多投入基础科研以保障长远的可持续的竞争力;中小微企业则往往集中于某些细分领域的技术商业化,而无力支持基础研究。此外,高校擅长理论研究,非营利组织适合建立合作交流平台,国防部门则适合推动极限条件下的高精尖技术应用研究,等等。

但是,这些一般性的结论又不是绝对的,不同组织的横向或纵向的跨界活动是创新的另一个重要来源和基础保证。很多企业在利润丰厚的时候也会资助基础

理论研究，政府在某些战略性领域也可以具体推动某一项技术商业化应用，高校在基础研究之余也可以鼓励师生创业把研究成果商业化，非营利组织也可以参与一些基础理论和商业领域的事务。分工的界限，就是用来被打破的，如果所有组织都绝对严格分工按部就班，颠覆性的创新就很难发生。但是，如果没有合理的分工，政府或少数大企业控制了整个创新链条，其他多元化组织就会失去生存空间，创新活力也无法发挥。对某个具体的组织而言，如果放弃自身组织特性的优势，把主要精力投入自身组织结构不适合的领域，也往往导致自身发展的失败。

总的来说，参与创新活动的组织形态越多，思维模式和角度就会越广，发现颠覆性创新的机会就会越大。领先型的创新体系，一定是"多而不散"的体系：主体多元化，但又不是一盘散沙，能够充分交流合作，让多元的思维角度可以彼此启发和交流。不同主体各有自己的专长，但又能自由打破分工界限，跨界参与竞争。这应该是领先型国家创新体系的基本特征。

在这个基本特征界定的范围内，具体怎么分工？有多少自由？如何跨界？则需要根据实际情况来调整和完善，并非一成不变。

比组织更基础的创新主体，是人。

人是创新活动的基本驱动单元，一切创新活动都应该以人为核心展开。很多时候，创新并不是通过技术交易的形式来体现，而是通过人的流动来实现。人是创新的主体，技术或其他知识是跟着人走的。只有看到了人的流动，创新体系的内在联系才能看清楚。比如，我们前面讲的华为大型程控交换机的开发，大量的技术是通过从竞争对手那里"挖人"来获得的。而这些人以及他们所带来的技术，是由华为的竞争对手培养和研发出来的。华为是胜利者，但那些最终失败的主体，包括巨龙集团、大唐电信等，都是中国在通信领域自主创新成功的重要一环。没有他们在程控交换机和TD-SCDMA方面的开拓性贡献，培养了一大批这方面的人才，华为也不会如此成功。

此外，还有华为的芯片，我们在前面讲了国产自主芯片的两条不同道路。华为是一种，飞腾、龙芯、申威是一种。华为北京研究所就在龙芯对面，这些年一直不断地在从龙芯团队"挖人"。龙芯团队又有很多是从中科院出来的，他们从

## 人工智能、5G与物联网时代的中国产业革命

事业单位的科研岗位转到企业，先进入中科院下属的企业，比较容易过渡。龙芯虽然现在发展不如华为，但从创新体系的视角来看，它在人才培养和技术研发方面对华为芯片事业的发展也起到了很大的帮助。

发展模式提供了多元化的可能性，而人和技术的流动又让不同的发展模式可以互相促进、形成合力。多主体竞争的过程，既是一个优胜劣汰的过程，又是一个从不同维度培养人、锻炼人和选拔人的过程。从这个角度来看创新体系的多元竞合，又会得到一些新的启示。

前文提到的国家早期支持集成电路的大型"908工程"，最后研制出的产品因为技术落后而卖不出去，被迫停产，从技术和产业化的目标来看是失败了。但这个过程中培养了一大批人才，其中数百人后来成为中国集成电路相关产业的精英，"908工程"的重点落地企业无锡华晶，成了中国集成电路界的"黄埔军校"。华为芯片研发的重要人物李征，就是"908工程"项目资金培养出来的——从人的角度来看，这项工程可以说是成绩斐然。

从人的角度来看创新体系，是一个比从组织角度来看创新体系更加基础的视角。组织散了，人可以重新组织起来。只要人才培育出来了，而且体制机制为他们提供了创新的环境，具体的组织形式就没那么重要了。中国的智能手机产业创新，最早是从模仿苹果、三星的"山寨机"开始的。2007年苹果公司推出第一代苹果手机之后，以及三星公司在2008年推出最早的安卓智能手机之后，在深圳掀起了一股巨大的"山寨机"浪潮——模仿苹果和三星公司的设计和功能，但用更低劣的零配件加上免费开源的安卓系统，用远低于苹果和三星手机的价格在市场上售卖。

当时，中国人均收入水平还比较低，大多数人买不起昂贵的苹果和三星手机，这种山寨机就特别受欢迎。但后来雷军创立了小米公司，段永平创立了vivo和OPPO手机品牌，用跟山寨机差不多的价格，提供更好的品牌服务和质量保证。再后来，华为手机也崛起了。这些国产品牌机战胜了山寨机，山寨机厂商纷纷倒闭。那时，要是单看深圳的智能手机制造企业，会发现企业大量破产倒闭，甚至有人据此声称中国制造不行了。但其实山寨机厂商在2008年前后培养了一大批做手机的产业人才，培育了一个庞大的手机零部件产业链条。厂商倒闭了，但人才

和他们掌握的知识与智力并不会消失，这些人才纷纷改头换面，进入小米、vivo、OPPO、华为，重新组织起来从事智能手机创新——这个过程就是一个企业组织发生生死巨变，但产业创新同时得以快速推进的过程。

企业的倒闭和产业的高速创新升级同时并存，其中不变的基础就是人才的支撑。

一切形式的组织之间都存在竞争。不仅企业和企业之间存在竞争，政府和企业之间也存在竞争、政府和非营利组织、企业和非营利组织等之间，也存在激烈的竞争。政府和市场的边界也不是固定不变的，谁的效率高谁就可以也应该多管些事。最常见的就是经济危机爆发的时候。经济危机的爆发说明市场组织内部出现了严重的问题，这个时候就需要政府出手救援。政府资金参与劳动救济，就会成立一些企业来雇用剩余的劳动力。政府资金援助濒临破产的企业，就会获得这个企业的一部分股份，形成国有资产。这些都是政府边界的扩张。

反之，当企业组织内部发生变革，新的管理组织形态被发明出来，可以比以前更高效地利用资源和实现创新，企业就会持续盈利并雇用更多的人才，在许多以前由政府组织的领域积极参与。比如基础设施的建设、基础科研的组织，很多高效的大企业在某些环节可以做得比政府更高效，那么他们也就可以进入这些以前被视为政府公共服务的领域。

组织的基本优劣势范围是存在的，但绝对合理的分工边界是不存在的。随着技术、人才、组织结构、外部环境等因素的变化，不同组织在经济活动中发挥的作用都会发生变化，并因此带来制度变革。这种变革的具体方向从长期来看是不可预测的。

尽管如此，变革是组织竞争的产物，这是一个不变的判断。这种竞争是锻炼和培养人才的重要途径。竞争的结果是有些组织倒闭，但并不意味着组织中的人就全部失败或者被淘汰。被淘汰的只会是少部分，对大部分人而言，他们只是经过了锻炼而变得更强。从一个企业跳槽到另一个企业，这是一种组织变革；从政府跳槽进入企业，或者从企业跳槽进入政府，这也是一种组织变革；从企业或政府跳出来，自己单干，创新创业，也是一种组织变革。

## 人工智能、5G与物联网时代的中国产业革命

一个高效的创新体系，应该是不同组织多元竞合的体系，同时也是人才可以在不同组织间自由流动的体系。只有让人在不同的组织、不同类型的组织之间不断流动，才能带来技术、思维等多方面的交流融合，从而促进创新[①]。至于人才的培养，我们会在下一章详细论述。

5. 生态视角的创新体系

生态是一个比喻，是一个比较综合的视角。从这个视角来看，创新是一个综合的生态体系的产物，不管是技术研发、产业链条、主体分工、人才流动、体制机制，都是在这样一个生态中的。构建一个完善的生态，是创新得以持续出现的保障。

我们将深圳的创新体系比喻为一片湿地。湿地需要千分之三的盐分，低了高了湿地都会消亡，政府就保证这块地千分之三的盐分，至于进去之后是鸟吃鱼还是鱼吃虾，政府不管，那是市场竞争。

一个湿地，实际上就是一个完整的生态体系。将政府的作用比喻为那千分之三的盐分，相当形象。当然，比喻始终只是比喻，不能具体纠结那千分之三的比例，它可能是百分之三，也可能是十分之三，这个定量分析的结论很难讲，关键是"高了低了湿地都会消亡"。政府在促进创新中的作用，当作如是观。

生态系统的特点就是丰富多彩，生存竞争与彼此依赖共存。我们前面讲的技术创新体系、产业创新体系、组织创新体系、应用创新体系、军民融合创新体系、人才的培养和流动体制等，是这个生态中很重要的方面。但生态系统本身要更复杂，为了保证这些体系正常运行和彼此融合，还需要有很多细微的服务和平台来支撑。

（1）公共服务与基础设施

生态体系中最重要的是政府公共服务，也就是"千分之三的盐分"。治安环境、合同执行和产权保护是基础中的基础。这些东西没有，暴力和诈骗就会毁掉

---

[①] 在这种人才流动过程中，政府和企业的关系可能引发"旋转门"问题，从而影响政府作为立法者和监管者的中立性。因此，对于政府和企业之间的人才流动，并不是简单的鼓励和自由就行了，人才流动体制应该在力求促进知识和思维模式融合的同时，注意防范各种利益交换。

一切创新的可能。此外，先进的基础科研、医疗教育、交通与通信网络等，也是创新的基础。

5G 网络的建设过程中，中国能够走到世界前列，这就跟政府的高效运转密不可分。必要的时候，政府会主导某种适宜的产业组织壮大和发展，或者投资于具体的共性关键技术研发；创建相关的金融、信贷等服务平台（如高科技产业生态圈内的风险投资公司、风险基金等）。再比如，政府投资的企业融资平台可以在资本市场发育成熟后推出，但创新带来的更多新问题和新的复杂性又会要求政府服务进入这些新的领域。比如，对区块链、P2P、数字货币这些新兴金融技术或模式的监管等。

总体而言，生态系统越复杂，对政府服务的要求就越多越高，而不会是越来越低。这些内容，我在《中国的产业政策》一书中已有详细的介绍。

（2）知识产权保护与交易

在政府提供的公共服务中，知识产权的保护相当重要。人类能够进入工业时代，就跟知识产权保护密不可分。

工业革命爆发的两大标志性发明——珍妮纺纱机和瓦特蒸汽机在被发明出来以后，发明人都第一时间申请了专利，然后利用专利来批量生产并从中赚钱。专利权制度是西方人发明的，中国古代没有。这个制度可以保护知识产权，鼓励大家去搞发明创造，新的发明申请专利以后，就可以在一定时间内独自使用，别人要用必须向专利所有者付费。这样，大家才有积极性去搞创新。因为创新的过程特别艰难，但一旦搞成功了，其他人来模仿学习就很容易。如果不保护创新成果的知识产权，大家就都想着跟风模式，不想去吃苦冒风险搞创新了。

到了 5G 和人工智能时代，对知识产权的保护就更加重要了。绝大部分创新成果都不体现为看得见摸得着的实物或者制造实物的工艺，而是软件。软件的重要性我们在前面已经说过了，是我们这个时代科技创新的核心和主导。软件上的创新要模仿起来就更容易，几乎就是零成本。微软公司开发的 Windows10 系统，是上万名程序员耗资几百亿才开发出来的，但开发出来以后，就可以无限量复制。例如，一些人从网上下载盗版安装软件，完全免费。

**人工智能、5G与物联网时代的中国产业革命**

中国历史上没有知识产权保护的传统，这是我们文化中的一个缺陷，而且还是比较重要的缺陷。中国古代没有发展起近代科学，这应该是一个重要原因。这一点，得实事求是地承认。

直到今天，盗版软件依然盛行，很少有人没有使用过盗版的 Windows、PS、PDF、CAD 等软件或者看过盗版的电影。然而，不可否认，这些廉价甚至免费的盗版软件在推动中国社会信息化方面发挥了巨大的作用。

但这种情况是不可持续的。事实证明，盗版的受害方并不是美国软件企业，而是中国的软件企业。大概十几年前，以中国电脑用户的收入水平，要全套购买正版软件，经济压力很大。一个 Windows XP 的价格就是四五百，而盗版光盘只要十块钱。再配齐办公、图片处理、文档阅读等一系列必备软件，一个月工资就没了。美国软件的价格是美国程序员的工资水平决定的，那时候中国物价、房价都远远不及美国，中国程序员开发类似的系统，所需要的成本也远低于美国。如果一套国产操作系统卖五十块钱，Windows 系统卖五百块钱，国产软件即使体验差一些，只要勉强能用，还是会有一大批用户选择国产系统的。

有了数量庞大的用户，国产软件生态就能逐步发展起来。问题是盗版只要五块十块，或者免费网上下载，国产软件就没有了生存空间。

国外很多商品在国内也有低劣的"冒牌货"，但质量一般来说都比较差。比如在 2008 年的时候，苹果和三星智能手机风靡全球，国产品牌智能手机还没有发展起来，深圳东莞等地就出现了一大批"山寨机"，模仿苹果和三星，而价格则只有正品的三分之一甚至更低。但这些山寨机也就是样子长得像、功能类似，真正的使用体验比正品差了很多很多。这种质量上的差距，就给国产品牌成长创造了空间。华为、小米、vivo 这些国产手机品牌，都是定位于"价格低于苹果和三星，质量性能好于山寨机"，在国际大牌和冒牌产品中间找到了生存空间，然后一步一步提高技术和生产质量，对下淘汰山寨机，对上冲击苹果和三星，这才成长壮大了。许许多多的国产品牌，都是以这样的路径走过来的。

但这个路径在软件产业走不通，因为软件的盗版跟正版从质量上来看是完全一样的，没有差别，中间没有国产品牌从弱小到成长壮大的空间。正因为如此，在电脑互联网时代，中国的消费软件和工业软件产业几乎是全军覆没。

到了移动互联网时代，智能手机软件免费使用成为趋势，基本都是"核心功能免费，增值功能付费"的模式。比如音乐软件可以免费听低品质的流行音乐，而要想听高品质的就需要付费。百度云可以免费存储2G的内容，要想增加云存储空间或者高速上传下载也需要额外付费。这种模式让手机软件基本不存在盗版问题，中国消费软件这些年也因此发展迅速。但办公软件和工业软件则仍然问题重重。

目前，国内工业软件盗版问题依然非常严重。据业内人士估计，中小制造企业使用的工业软件盗版率在七成以上。国外正版工业软件价格昂贵，只有大型企业能够支付得起。国产软件价格便宜，非常适合中小客户。但有了廉价的盗版软件之后，中小企业也不愿意多花钱用国产软件，这部分市场基本就被消灭了。国外软件商纵容这种情况存在，只需要盯着付得起钱的大企业赚取利润，剩下的中小企业市场则依靠盗版软件消灭国产竞争对手。等中小企业成长壮大到一定程度以后，再以法律手段来逼着他们改用正版。此时这些企业的生产流程已经和国外软件机密捆绑在一起，再加上也有钱了，只能选择继续使用正版的国外软件。

从这个意义上说，政府不积极打击盗版、保护正版，看起来是我们占了国外软件企业的便宜，把人家花大价钱开发出来的东西拿来免费用来，实际上是我们被国外企业利用制度漏洞进行"产品倾销"，毁灭了我们的国产软件产业体系。

软件企业也是中国企业，我们不能鼠目寸光，为了让传统中小企业占点便宜，而毁掉代表未来发展方向的高科技软件企业。人工智能产业，本质上也是软件产业，知识产权的保护制度是否完善对它的发展至关重要。

进入人工智能时代以后，重复性劳动会被电脑大量取代，科研创新将会成为人类劳动的主要方面，软件创新会成为产业创新的主要形式。在知识产权保护得比较好的国家，会出现很多完全依靠创新成果的知识产权来获利的企业，也就是只从事科技研发，不从事成果转化和生产的创新型企业。美国的高通公司就是很典型的代表。它在3G和4G时代，依靠自己在无线通信中掌握的大量专利，向全世界的手机生产企业收取专利费，被通信界称之为"高通税"——每台智能手机价格的大约5%。它拿着这些钱继续投入研发，研究出更多的专利，然后收取更多的专利费。整个过程，高通公司可以不生产任何硬件和软件产品，也不用提供任何服务，只需要把发明创造申请专利就可以了，剩下的事情就是等着收钱。高通公司内部超过80%的员工都是技术工程师，除了法务、后勤、管理等服务人员，基本上就是全员研发了。

此外，授权华为芯片框架的英国ARM公司，也是纯粹靠做芯片设计的底层框架来赚钱，它的主要工作就是不断升级自己这一套底层框架，从不生产芯片，甚至也不做芯片设计方案，只做框架授权，这套框架就像软件一样很容易被大量复制。但ARM公司每年依靠授权就收入几十亿。而前面我们讲的美国那几家具有垄断地位的EDA软件企业，也是一直靠软件授权赚钱，他们也不生产任何实体产品，主要工作就是每年对自己的软件更新升级。

高通、ARM、EDA巨头这种"软创新企业"，在人工智能大量取代人类重复劳动，生产活动变得高度智能化以后，一定会大量出现，但前提是知识产权制度足够完善。这些企业的生存可以说完全依赖于知识产权保护，如果知识产权体制没有理顺，此类企业就无法在中国壮大起来。

"知识产权"的本质，就是人类创新成果的直接商品化。在重复性劳动被取代以后，创新成果直接商品化的意义就显得尤其重大。对知识产权的保护和便利的知识产权交易制度将成为未来市场经济体制的核心。提供这样的制度环境，也就成为政府公共服务的重要组成部分。没有良好知识产权制度的国家，将很难在科技创新的国际竞争中取得胜利。

当然，在保护专利权的同时，也需要防止专利权的滥用。比如现在对医药产品的专利保护有效期是二十年，到期以后就可以免费使用。但很多国际大公司在专利快到期的时候，就对专利做一点细微的改动，再去申请专利，这就变相地把专利权无限期化了，基于专利垄断导致的高昂药价让许多病人望而生畏。

此外，在电子信息领域，科技进步速度极快，很多新技术一两年内就会升级换代，专利保护期限二十年就显得太长了，不利于其他人在现有专利的基础上继续做研发改进。

中国知识产权体制建设起步较晚，在保护、反过度保护、交易规则等方面的精细化程度严重不足。对专利保护和交易做更精细化的规范并提供更好的相关服务，对中国的高科技企业发展而言至关重要。

（3）先进的生产服务业

现在大部分笔记本电脑屏幕的比例都是16∶9，宽屏幕适合看电影和玩游戏。华为笔记本电脑的大部分比例却是3∶2，还给它起了个名字，叫"生产力屏幕"。什么意思呢？就是这块屏幕比较"高"，适合用来看文档，而不是看电影，所以它主要不是为娱乐休闲服务的，而更加适合办公，是为提高生产力服务的。

在产业领域，也有类似的划分。为老百姓生活服务的，叫生活服务业；为企业生产服务的，就叫生产服务业。虽然都叫服务业，但作用差别很大。那些为创新提供金融、管理、营销、财务、法律等生产性服务的生态系统，是创新的又一大关键支撑。生产性服务的充分专业化，可以让创新者专注于技术突破。生产服务业的高度繁荣，是发达国家的标准配置。

现在全世界最权威的城市排名是由一个叫"全球化与世界级城市研究小组与网络（GaWC）"的欧美学术研究机构做的。这个机构对全球一线二线城市排名的依据并不是广泛采用的GDP，而是"高级生产性服务业机构在世界各大城市中的分布"。他们所认为的"高级生产性服务业"主要包括：银行、保险、法律、咨询、广告和会计。这些行业的聚集，也就是我们常说的"总部经济"。每个城市的中央商务区，主要聚集的就是这些产业。

在此需要注意一个概念，"总部经济"并不一定是聚集跨国公司总部。美国最重要的跨国公司微软、谷歌、苹果、亚马逊、脸书、英特尔等，其总部都不在纽约，而是分散在各地；德国的SAP、西门子、大众汽车公司总部也不在法兰克福，纽约和法兰克福也不是中央政府所在地。但这些都并不影响纽约和法兰克福作为他们国家经济中心的地位。

CBD的"总部经济"，是指为企业决策层关注的战略行为提供服务的高级生产服务业，也就是金融、咨询等。很多地方搞"总部经济"都以招揽跨国公司区域总部为主要标志，实际上有点望文生义。

### 人工智能、5G与物联网时代的中国产业革命

2018年，GaWC发布的A+以上级别的全球核心城市包括：伦敦、纽约、香港、北京、上海、悉尼、巴黎、东京等。也就是说，这些我们所熟知和公认的全球核心城市，同时也都是高级生产性服务业的核心聚集地。这些城市在全球经济网络中的作用是"资源配置中心"，而不是"科技创新中心"。

在那些真正的科技创新中心，一套完善的高级生产服务业体系对科技创新的繁荣也必不可少。举个例子：美国苹果公司的成长过程。苹果公司的创始人乔布斯是一个偏执的天才，对新技术和产品设计等方面极度狂热，而且拥有常人无法理解的商业嗅觉。但他又是一个非常不善于与人相处的家伙，极度高傲，对待与自己意见不同的人态度恶劣，甚至人品也有些问题——对讨论中别人提出的有用创意，他喜欢不置可否，然后过一段时间当成自己的想法再次抛出来。他对财务、管理等事情更是一窍不通，擅长将财务和人事问题搞成一团乱麻。但是，他从创业开始，就得到了著名的风险投资商红杉资本的支持，其投资人，也就是红杉资本的创始人，唐·瓦伦丁为乔布斯包揽了几乎所有跟财务和管理有关的事务，让乔布斯可以专心将自己的技术和商业天才发挥到如何推出一流的产品上。硅谷地区完善的风险投资体系以及其他配套的一整套围绕科技创新的服务体系，帮助偏执狂乔布斯将苹果公司带到了世界一流科技公司的地位上。

在这套体系中，金融是最重要的。高级生产性服务业中的法律服务核心有两个：一个是金融法务，一个是知识产权法务。咨询则与软件外包类似，是一种"智力外包"，也是现代经济生态系统高度复杂化的产物。

咨询这个事情在古代是谋士或幕僚的工作，就是为决策者提供参考意见。一般来说，军队里叫谋士，政府里叫幕僚。谋士和幕僚都是集团内部成员，直接受决策者雇用，没有形成独立产业。后来有了"顾问"这个说法，一些学校的教授等专业研究人员兼职给企业或政府提供专业意见，但还是个人参与。随着经济结构复杂化，才有了独立的咨询公司，咨询变成了一个产业。1926年，美国芝加哥大学的管理会计教授麦肯锡创立了麦肯锡公司——这是咨询业发展的标志性事件，一般被认为是现代咨询业的开端。今天，麦肯锡公司仍然是世界上最大、最著名的咨询公司。

咨询公司从业人员专门依靠给其他企业提供专业意见为生。它实际上是把企业管理中最有技术含量的部分抽取了出来，变成一项专业化事务，并雇用顶级人才来从事这个行业。这很接近我们在前面讲的高通这种"纯粹创新企业"，其生存之道就是持续不断地在本专业领域进行创新，提出企业发展的新思路、新模式，等等。不过高通是在科技领域创新，而咨询公司一般是在企业管理领域创新。

　　咨询业是高度智力密集型的产业，它不能批量提供产品和服务，都是根据用户的特定需求提供定制化的智力服务。这让它很难被第四代人工智能技术取代——当然，现在咨询公司内部的许多重复性劳动环节会被取代。而且，可以预计，在人工智能时代，咨询业在经济中的重要性还会继续提高。广告、财务、设计类的公司都可以算是广义的咨询公司范畴。几乎所有的经济活动环节都可以分离出独立的咨询公司，而不仅仅是管理咨询。企业战略有战略咨询公司，财务管理有专门的会计师事务所和财富筹划公司，人力资源管理有人力资源管理顾问公司，产品设计有设计公司，政府的产业规划有产业咨询公司，城市规划有规划公司……总之，未来只要是我们能想到的、需要创造性劳动的方面，都会细分出专业的只从事创造性研发和个性化服务的咨询企业。

　　华为每年把大约15%的营业额用于科技研发，这是众所周知的。但它还有一笔重要的开支，就是每年把大约2%的营业额用于购买外部咨询服务——这个比例比科研少了一大截，但也相当重要。

　　咨询产业还起着一个连接理论研究和实践应用的中间转化的作用，有助于消灭从基础理论到商业成果的"死亡之谷"。本人负责的产业经济研究院就是一个咨询机构，负责为企业和政府提供产业战略方面的咨询。要说到具体某个产业，研究院内部没有一个人是真正的专家。比如化工，顶级的化工专家肯定在高校或者中科院这种机构，但如果一家化工企业的战略或者化工园区的规划直接交给一个化学家来做，做出来的东西估计会让企业老板或政府领导当场崩溃——专业的东西太深奥看不懂，非化工专业的其他方面则一塌糊涂。只有通过商业化的咨询机构，他们一方面向顶级专家付费寻求专业化的意见建议，另一方面根据行业经

### 人工智能、5G与物联网时代的中国产业革命

验对各种知识进行整合分析,才能最后提出一份企业或地方政府真正能拿来用的成果——在管理咨询、规划咨询、技术咨询等领域都是如此。

顶级咨询公司收费极高,有的高达每人每小时数千人民币。麦肯锡公司为一家大型企业提供战略咨询的收费都在数千万元这种级别。他们一般只在一个国家的首都或经济中心城市有分支机构,并为全国提供服务。这也是为什么 GaWC 将顶级咨询机构的分布作为全球核心城市排名的原因。全球顶级咨询公司几乎全是美国公司,包括麦肯锡、波士顿咨询、罗兰贝格、埃森哲、科尔尼等,高科技领域的顶级咨询公司高德纳(Gartner)公司也是美国公司。这些咨询公司是美国国家竞争力的一个重要组成部分。

华为作为中国的顶级企业,其产品的产业链大多数都是国内企业在做,但是在选择咨询服务方面,始终以国外公司为主:它的战略咨询顾问主要是波士顿咨询、贝恩和美世,研发管理体系咨询主要是 IBM、埃森哲和日立,财务管理咨询主要是毕马威、普华永道和德勤,客户调研主要委托盖洛普,质量管理体系咨询用的是德国国家应用研究院(FhG)。以上这些企业,除日立和 FhG 外,都是美国公司。只有人力资源领域主要是用当年那几个"人大教授"创立起来的华夏基石。

总的来说,目前中国的咨询产业发展还处在起步阶段,它跟广义的工业软件产业一样,属于中美差距中比较大的部分。

(4)支撑创新的金融体系

跟创新主体的多元竞合一样,金融对创新活动的支持,也要根据不同的需要构建"多元竞合"的金融体系。用比较官方的话来讲,叫作为经济发展提供多层次的金融支持。

不同的金融模式对应不同的创新主体和创新需求。

比如,债权融资和股权融资是最重要的两种融资形式。债权融资,企业承担全部风险,债权人不承担风险,只获得固定利息收益。股权融资,企业和投资者共同承担风险,共同分享收益。当产业结构为追赶型结构时,所用的技术、所生产的产品、所销售的市场都较为成熟稳定,增长前景和风险可以很好地通过既定模型来锁定。此时,此类产业中的企业会倾向于通过举债的形式加杠杆,银行等

放款方也很容易通过固定的评估程序来确定利率水平。这种情况下，债权融资就会成为主导。

与之相反，随着产业结构从追赶型向领先型升级，探索前所未有的创新产业所用的技术、所生产的产品、所销售的市场都面临较高的不确定性，风险也随之增加，企业和银行都对风险和收益没有足够的把握。此时，此类产业中的企业就会倾向于通过发行股票的形式融资以分散风险，资金持有人也会要求获得更好的收益来对冲风险。这种情况下，股权融资就会占据更重要的地位。

美国的产业结构目前大多处于世界前沿，是一个典型的领先型创新体系，对应的，其直接融资中股票融资比重很大，因此非金融企业的债务杠杆率相对较低；而中国的产业结构目前以追赶型产业为主，对应的债务杠杆率较高。德国和日本的金融结构，也是以债权融资为主导的。根据国际清算银行的可比数据，截止到2019年三季度，中国非金融企业部门杠杆率为152.9%，而美国则为73.9%。

随着中国在越来越多的产业领域中居于领先地位，需要在没有人走过的道路上全新开拓，产业创新的风险迅速提高。在这种情况下，企业股权融资的比例一定会上升，债权融资的比例就会下降。为了满足这样的需求，我们传统的以银行为主的贷款式金融支撑体系就必须要跟着进行改变，进一步完善股权融资体制。所以，我们才建立了创业板、科创板，让成功的中小企业可以直接上市融资。围绕着这些股权上市的制度，又会出现一大批包括风险投资基金在内的许许多多的股权投资主体。

在 5G 与人工智能的时代，科技金融与金融科技的创新，将继续在经济发展中扮演至关重要的角色。但我们也要对金融业的过度发展保持充分警惕，严格金融监管，预防金融泡沫化，及时发现和打击打着 5G、人工智能、物联网、区块链等新技术名词的新型金融诈骗。

总之，诸如管理咨询、财务服务、法律顾问、研发外包、教育培训等其他生产性服务生态也是类似的。高度发达的创新体系，都需要一整套与资源特征和产业结构相匹配的服务体系来支撑。一个地区的产业能否实现可持续的创新，这一套体系起着关键性的作用。这套体系有一些是政府来提供，有一些则由市场来提供，具体情况取决于当地生产性服务业的市场发育完善程度。总体而言，越发达的地区，市场在生产性服务方面的供给能力也就越强。

除了以上这些重要的生态要素以外，创新活动的蓬勃发展，还需要适宜创新的生活配套、空间格局和人文氛围等。这就是更细微也更专业的领域，本书不再详细展开。

# 05

# 创造者社会
## 培养更为柔性的人才

人既是创新的主体，又是创新所服务的对象。在人工智能时代，人类在生产活动中的地位将如何定位？我们需要培养什么样的人才，才能适应人工智能技术的发展，应对人工智能带来的挑战？

我们不能把人工智能技术神话，或者说科幻化。人工智能技术在现有的底层技术允许范围内，不可能具有人类智能，也不可能代替人类智能。

人工智能能够代替的是"可重复的人类劳动"，并且，它将以超过人类的效率来完成这些劳动。比如人脸识别，老师要监督学生有没有专心听讲，每次只能观察一个，如果在教室里架一个摄像头，人工智能瞬间便能监督几十个、上百个学生。人工智能的本质并不是代替人，而是极大提高人类劳动效率，让人类可以在人工智能的配合下创造更多的物质和精神财富，并且帮助人类从简单枯燥的重复劳作中脱离出来，专心于最能体现人类智能优势的创造性劳动。

人工智能不是人，也不能代替人，它跟机器、汽车等一样只是人类创造出来的一个工具。

当然，就好像机器可能会让一些从事简单劳动的工人失业，汽车会让拉黄包车或者驾驶马车的人失业一样，人工智能不可避免地会让一些工作岗位消失，而原来占据这些工作岗位的人如果不能掌握新的工作技巧，那么就会失去工作，表现为"被人工智能淘汰"。

简言之，人工智能不可能淘汰人类，但肯定会淘汰一部分人。

## 一、与人工智能共存的"柔性人才"

面对人工智能技术的冲击，我们需要认真思考的，不是什么人工智能会不会代替人类的科幻或哲学话题，而是"应该培养什么样的人"——形成与智能时代相匹配的人力资源结构，以尽可能让更多的人可以与人工智能技术密切配合，创造更多的财富，让人类享有更多的幸福。

有很多"精英人士"喜欢讲一个骇人听闻的数据：人工智能将会代替98%的人类，未来只需要2%的精英人物就可以了。所以，如果你不想被时代抛弃，就必须拼命努力挤进这2%的人群内。这个数据不知道是如何测算出来的，不过它确实有可能发生——如果我们的人口知识结构始终保持不变的话，大部分现存的劳动岗位都将被人工智能取代，而且达到98%这个惊人的比例也不会需要太长时间。

但是，人群知识结构是不可能长期保持不变的。人类智能的一大特征就是，它具有巨大的"柔性"或者说"可塑性"，可以不断改进自身的劳动技能以适应变化。一个流水线工人在他从事的岗位被机器人取代以后，可以接受新的教育培训，变成一个可以操作计算机安排生产的技术人员，能够监督和完善人工智能的运行。这样，他就不仅不会失业，反而可以用更低的工作强度来生产更多的产品。

因此，从动态的角度来看，人工智能大幅度替代人类的结论是无法成立的。实际上，任何工具的诞生都是为了在某种程度上取代人类劳动。自工业革命以来，我们发明了无数的机器来代替人类劳动，也消灭了无数的工作岗位。今天，地球人口数量相对于工业革命之前增加了十多倍，但我们却创造出了更多的工作岗位，让人类在人口总量大幅度增加的同时还可以实现高就业率，并且大幅度降低了工作强度。人工智能技术的长远影响也必定会是这样。

因此，我们需要关注的不是预测人工智能将会淘汰多少劳动岗位——这种静态的分析没有任何实际意义，更不应该去鼓吹技术进步要淘汰绝大部分人口的极端精英主义。我们需要关注的是：应该如何培养更有"柔性"的人才，让更多的人或者说尽可能高比例的人可以获得足够的"柔性"来应对人工智能带来的变革，实现与人工智能共存共荣。

　　人的"柔性"在人工智能时代变得比以前更加重要。人工智能技术普及之前的时代，某种工作岗位被消灭往往需要比一代人的工作寿命更长的时间。人类的工作时间大概是四十年，也就是 20～60 岁。在时代变革比较快的时候，消灭某一个工种可能用不到四十年的时间。

　　人工智能大规模应用的时代，某种工作技能在 5～10 年就会被淘汰。因为人工智能是会"学习"的，它的"柔性"比普通的机器和现在的计算机都要强大。一旦某项技能变成普通人能够通过短时间（数年的时间）学习掌握的可重复工作，那么机器学习也就可以很快掌握它。在这种情况下，"柔性"就变得非常重要，靠提前退休或者工作寿命的最后几年随便干点杂事勉强地打发时间，显然无法成为这种技术替换大潮的主要解决方案。我们必须将人培养得更为"柔性"，才能应对这种挑战。

　　也可以说，未来的人工智能时代，一定是更青睐"柔性人才"的时代。

## 二、人类柔性才能的三大主要来源

　　柔性有两个层面，学习新知识新技能的层面和创造新知识新技能的层面。柔性，主要来自三个方面：对底层基础知识的深刻理解和熟练运用、广博的知识（包括书面知识和实践知识）、结构化与多维度思维的能力。

　　柔性的第一个来源，是对底层基础知识的深刻理解和熟练运用。我们读书的时候都知道一个道理，理科转学文科比较容易，文科转学理科比较困难。从这个事实而言，理科人才的"柔性"要高于文科人才。这是因为，文科的底层知识——逻辑、语言与社会常识，大多数人即使没有专业学文科，但都已经在社会生活中广泛接触和运用了；而理科的底层知识——数学、物理、化学的基础公式则在生活中很少用到，也就很难在没有长期专业学习的情况下掌握。

　　我们常说，学习需要"举一反三、融会贯通"，对底层知识的掌握深度和熟练程度，在很大程度上决定了一个人能力的"柔性"。以前流行过一句话——"学好数理化,走遍天下都不怕"。这句话背后的原理是什么呢?专门从事数理化研究的工作岗位是很少的,但数理化是人类诸多具体应用的底层基础知识,熟练掌握这些基础知识的人就会变得"柔性"极强,在很多具体的岗位上都可以迅速掌握具体技能。

柔性的第二个来源,是知识的广度。历史经验一再证明,重要的创新一般都出现在知识跨界融合的领域,或者说,至少都是多门知识综合运用的产物。这里的广度既包括个人的知识面,也可以包括某个企业、某个机构整体的知识面。这一点在前面介绍"美第奇效应"的时候就说过——多元化知识和文化背景的人聚集在一起,同等条件下更容易诱发颠覆性创新。而多元人群的融合,离不开个体知识面的重叠。比如,数学家和流水线工人在一起,尽管数学知识与工业实践的融合很容易引发创新,但也可能会因为工人对数学一窍不通,数学家对工业一窍不通而导致双方无话可说,或者说起来牛头不对马嘴。

关注美国、德国和日本的大学会发现,美国的顶尖大学都是一些实力强大的综合性大学,而德国和日本的顶尖大学则大多是专业性大学。在最权威的大学排行榜上,2019—2020年排名前十名的大学全部都是英美大学,在前五十名中,美国占了23席,而德国只有三所——慕尼黑大学、慕尼黑工业大学和海德堡大学,而且排名很靠后;日本则只有一所东京大学。实际上,德国和日本有很多在具体技术领域世界领先的院校或专业,但综合实力确实比美国要差一大截。

而且,德国的大学教育侧重应用,跟企业合作比较密切,有很大一部分"企业博士"主要围绕企业的实际需求做研究,研究面通常专且窄,也不重视公开发表高质量的论文,所以综合排名比较低。

这也是领先型经济体和追赶型经济体的一个重大区别。美国能成为过去一个世纪全球颠覆性创新的主要发源地,与其人才培养体系密不可分。美国的综合性大学并不是不分专业,它也有很多专业,但相对于专业性大学,它更注重培养知识面广博的人才,不同专业的人才在一个校园里共同生活和学习,甚至跨界选修课程,容易形成多元化的知识交流网络,从而为培养跨界创新人才和推动颠覆性创新打下重要基础。

对于个人而言，有深厚的基础知识再加上广博的知识面，会更有创新能力、具备强的技能柔性。

柔性的第三个来源，是个体的结构化和多维度的思维能力。这也是一种将底层基础知识和广泛的综合知识充分融合起来，为我所用并进行创新的能力。

人类最自然最舒服的思维方式是线性思维，也就是按照一条线来把各种知识或事件串起来。其中最常见的"线"是时间线，比如我们安排每天的生活工作，会很自然地按照从早到晚的顺序来排列。我们看小说，如果内容是按照时间顺序来讲的，就非常容易理解、如果把事件的顺序打乱了，按照一个理论逻辑去组合，很多人就会觉得看着绕。如果一个人连线性思维都做不好，那他的生活、学习、工作就注定是一团乱麻。

但是，仅仅依靠线性思维还是无法深度学习一门知识，也无法获得"柔性"。我们必须克服让头脑感到舒适的线性思维本能，进行非线性思维。其中最重要也是最基础的，就是结构化思维。

所谓结构化思维，简单来说就是将碎片化的信息按照整体和局部的关系进行分类梳理，一般来说就是通过"归纳"和"推理"找到"总分关系"，构建一个多层次的"中心—外围"结构，从而更全面和系统地思考和学习。

结构化思维是一种标准的和基础的思维方式，它突破了线性思维的局限，拓展了人类的思维层次，让我们可以在知识系统中找到规律和秩序。由于结构化思维需要总结一般规律，也就需要进行抽象思维，从直观知识中抽离出抽象概念和逻辑关系。从线性思维到结构化思维，是人类思考方式的一个飞跃。

而多维度的思维，就是在结构化思维之外，还会从更多不同的角度去思考问题。我们常说的一些特殊思维方式，诸如发散性思维、逆向思维等都属于多维度思维。多维度思维在结构化思维的基础上进一步完善我们的思考角度，有助于获得非常规的创意和解决思路，是颠覆性创新的主要来源。

几种不同的思维方式如图 13 所示。

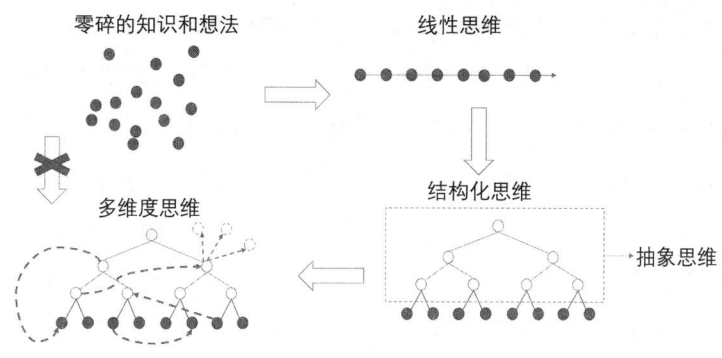

图 13　人类思维模式演进路径示意图

总体而言，结构化思维和多维度思维都属于非线性思维，是比较高级的思维方式。第四代人工智能技术已经具备结构化思维的能力，也就是我们在前面讲的，可以通过深度学习来从上千万张图片中总结出"人脸"这样的概念。但受底层技术的限制，它在深度和广度方面和人类还差得很远，其中很多与人类的差距是这一代人工智能技术从理论上就无法达到的。

### 三、生产智能化与人类劳动科创化

如果说抽象思维能力赋予了人类柔性，那么多维度的思维能力则让人类具备了创造性。创造性也是一种柔性，而且是一种更高层次的柔性。基于抽象思维的柔性，可以让人类在已知领域不断切换；而创造性则可以让人类开辟新的领域。这个层面的思维能力，则是人工智能完全无法企及的。

未来的世界，人和人工智能的分工，理论上最完善的境界应该是：人类只负责创新，然后把创新变成可重复的工作，交给人工智能去批量化执行—— 生产或者提供服务。

求知的欲望和创新的欲望，可以说是人类的本能（或者说好奇心是人类的本能）。掌握新的知识，创造新的技术，开拓新的领域等创造性劳作所获得的成就感是无法被休闲的娱乐性活动所替代的。甚至可以说，在科技高度发达、物质财富极大丰富的时代，从事创造性劳动将成为人类重要的自发需要。

### 人工智能、5G与物联网时代的中国产业革命

1997年,被IBM超级计算机"深蓝"击败的国际象棋大师卡斯帕罗斯,后来投身于人工智能研究,写了一本叫作《深度思考》的书。这本书的副标题很有意思,叫"人工智能的终点与人类创造力的起点"。这本书的主题是:人工智能发展的极限是创造力。人类负责创新,人工智能负责执行,是人与人工智能的最佳分工模式。

卡斯帕罗斯在书中写道:"使用机器代替体力劳动,让我们能更能专注于人的特质——我们的思想。随着时间的推移,具有智能的机器将继续这一过程,接管更多低层次的认知活动,从而在创造力、好奇心、美丽和快乐等方面,提升我们的精神生活层次。"

当然,以上这些展望要变成现实还需要很长的时间,我们这一代人未必能看得到。在我们的生命周期里,能够观察到的趋势就是研发类岗位在就业中的比例将会越来越高,而且这个比例的上升速度应该会在第四代人工智能成熟以后大大加快。

当前,那些居于科技创新和财富创造塔尖的"头部企业",其研发投入和研发岗位比重都已经相当高了。华为公司内部研发人员占比45%,而阿里巴巴的研发人员占比已经达到51%。英特尔公司研发人员占比为44%。谷歌公司的比例为35%,而且这个比例还在持续提高。谷歌公司2017年的研发人员比例为32%,到2019年提高了3个百分点。要想在未来产业竞争中获得优势,研发人员是必不可少的。

在芯片的核心领域EDA软件方面,美国新思科技的EDA研发人员超过7000人,而我国从事国产EDA研发的仅仅600人左右。仅这一家公司就是我国EDA研发人员的10倍以上,将来中国科研岗位的人才需求量之大,绝对是惊人的,甚至科技类专业人才培养多少,就业市场便能吸收多少。

制造活动智能化、人类劳动科创化,是人工智能时代必然出现的图景。

所谓制造活动智能化,就是农业和工业这两个直接产出物质产品的部门,就业岗位将会广泛地被人工智能取代。由于农业部门的就业比例在发达国家早已降到2%以下,所以,在未来影响最大的便是工业制造业。制造业还是会继续发展,

但它在经济活动中的重要性将不可避免地下降，具体的体现就是制造业占 GDP 的比重会不断下降，最后可能会降到个位数——这并不是那种制造业转移到劳动力成本更低国家的"产业空心化"，而是制造环节留在本地继续发展，但科研等非制造业发展速度更快的一种产业升级。

包括软件开发在内的科技研发产业将会成为未来最重要的产业。人类劳动最重要的工作是研究出新的技术，然后交给人工智能去把这些技术变成可规模化生产的新产品和新服务。

一切国家和企业的兴衰成败，都将由他们的创新能力所决定。

这一点，应该很容易达成共识。真正难以达成共识的地方在于：将由极少数精英从事创新活动，然后养活一大群"懒汉"或者"低端人群"。

如前所述，很多人认为，未来只要 2% 的人从事创新活动，剩下的人就是吃喝玩乐、享受生活。当然，这部分吃喝玩乐的人群的财富水平将远远低于那 2% 的精英人群。这种图景，跟人类被人工智能彻底取代，其实差不多。如果我们不希望这种情况发生，那么建立一个更完善的教育体系就是极为必要的。

中国是社会主义国家，也是一个倡导人类大同的文明古国。社会主义的核心理想就是全人类的共同幸福，而不是把人类分为极少数"有用的人"和绝大部分"无用之人"。即便技术的进步可能造成这种分化，我们也有责任在不阻碍技术进步的同时，优化社会制度以减轻甚至消除这种分化。

要达到这个目标，最关键的就是让绝大多数人在成长和学习的关键时期得到高质量的教育和培养，让他们具备足够的柔性和创造性，也就是具备通过自我学习来获得持续学习新技能以及创造新技能的能力。

### 四、创新活动并非天才的专利

创新是数量巨大的科研人员长期努力"堆积出来"的，接受过专业训练的创新人员数量是决定一个国家创新能力的基本支撑。

现代科研的细分领域之多、专业知识积累之深，已经到了令人吃惊的程度。1807 年，托马斯·杨把一根蜡烛放到一张撕开了两条缝的纸片前面，做出了名垂

### 人工智能、5G与物联网时代的中国产业革命

青史的"双缝干涉实验"。但是在今天,各种实验仪器的复杂程度已经不是一个科学家就能搞定得了的。他需要很多个专业助手,这些助手必须是某个领域的专业科研人才。在许多人的协助下,一个科学家才能完成一次实验,而多次实验才可能产生一篇像样的科技论文。

现在,全世界每年发表的科技论文数量超过一百万篇。这还只是基础科研的数据,很多企业内部的研发活动则不表现为论文发表。全世界专利申请量每年都在三百万份以上。人类"科技树"的细分领域,已经足够庞大,每个分支都需要数量庞大的基础科研人员去支撑。并且,随着科技和高技术产业的发展,这种科研分支和产业分工只会越来越细,由此诞生的对科研人员的需求会呈现指数级增长。

创新需要大量科研人员及其辅助人员组成的体系来支撑,每一个领域的创新突破,从事科研的人员数量都是基础,不是个别高水平领军科学家努力就能实现的。没有基础数量支撑,就没有顶尖人物的高质量成果出现。那些没有发表多少高质量论文,也没有申请重大科技专项的普通农业系统技术员、研究员,是这个体系不可或缺的重要组成部分。

随着科研越研究越复杂,细分领域也越多。面向5G和人工智能时代的创新体系,需要的绝不是少数顶尖天才,而是一个数量极为庞大的科创队伍——我们只有把大量的普通人培养成为这个体系中的"普通创新者",让天赋不同的人都成为不同层次的创新者,才有可能打造一个创新型社会和创新型国家。

在5G、人工智能、物联网这样的"枢纽创新技术"成熟以前,整个社会必须要把很大一部分资源投入没有很多智力含量或创新含量的重复劳动中去。尽管有了机器、电话、汽车、石油,可以延伸人的很多能力,但人在许多重复劳动中的地位不可替代。

在人工智能成熟的时代,越来越多的重复劳动被取代,也就意味着越来越多的人需要从事不可重复的创新劳动。从产业和科学发展的角度来看,这样的工作岗位和科研需求是存在的,产业链的复杂程度和科研的复杂程度都会指数级上涨,对科技创新人才的需求也会持续暴涨。最大的考验是:我们的教育体系能不

能把一代又一代的人培养成为具有足够柔性和创新能力的未来人才？

中国现在每年有 400 万以上理工科毕业生，而美国每年只有 22 万，这是中国在即将来临的 5G 和人工智能革命中取得领先地位的根本保障。就像任正非在 1997 年访问美国时所说的那样：华为几乎所有的方面都落后美国，但是华为人的素质不比美国差。仅这一条，他就有信心追赶并超越美国同行。

的确，中国培养的理工科人才素质不比美国培养的差多少，数量是美国的好几倍，而且工资水平远远低于美国——这就是中国的"工程师红利"。工程师红利是比所谓的"劳动力红利"大得多的红利，是驱动中国经济高速持续增长的根本性保证。

表 3 是一张最近的全球科研人员总量与万人均量的对比表。通过表 3，我们会发现，科研人员的总量和比例，基本上决定了一个国家的强大和发达程度。

表 3　　　　　　　全球科研人员总量与万人均量对比表

| 国家 | 研发人员总数（万人年） | 每万人研发人员数量（人年） | R&D经费总量（亿美元） | 人均R&D经费（万美元/人） | 2016年GDP全球排名 |
|---|---|---|---|---|---|
| 美国 | 138 | 91 | 5125.8 | 37.1 | 1 |
| 中国 | 169.22 | 22 | 2350.1 | 13.9 | 2 |
| 日本 | 66.56 | 100 | 1547.0 | 23.2 | 3 |
| 德国 | 40.08 | 92 | 1024.1 | 25.6 | 4 |
| 韩国 | 36.13 | 138 | 598.5 | 16.6 | 11 |
| 法国 | 27.76 | 101 | 556.0 | 20.0 | 6 |
| 英国 | 29.14 | 92 | 449.4 | 15.4 | 5 |
| 加拿大 | 16.21 | 90 | 244.3 | 15.1 | 10 |
| 意大利 | 12.67 | 51 | 241.1 | 19.0 | 8 |
| 俄罗斯 | 42.89 | 59 | 141.1 | 3.3 | 12 |
| 土耳其 | 10.02 | 37 | 81.2 | 8.1 | 17 |

注：数据来自世界银行、中国科技统计年鉴，GDP为当年现价美元。其中，美国、法国的研发人员总数和万人研发人员数量为2015年数据，加拿大的研发人员总数和万人研发人员数量为2014年数据。

美国的科研人数仅次于中国，遥遥领先于其他发达国家，由于人均研发经费大大高于中国，因此实际投入的资金高于中国，是世界头号科研强国。

中国科研经费数量少于美国，但拥有全世界数量最多的科研人员，是世界第二大强国，不仅GDP世界第二，在5G、人工智能等核心技术领域，在很多军事科技领域，也位居世界前列。

日本的科研人员数量位居世界第三，经济总量也是第三。

俄罗斯科研人员数量世界第四，但GDP比较靠后，这是因为它的科研人员主要是在苏联的体制下培养出来的，苏联GDP长期位居世界第二第三的位置，苏联解体后，俄罗斯经济下滑严重，但依靠庞大的科研人员数量，仍然保持了世界大国的地位，军工科技世界领先，长期位居全球军火出口前三名。

德国和韩国的科研人数差不多，经济总量则分别位居第四和第十一名。

这张表格中最值得注意的是韩国，它的万人科技人员数量在世界经济大国中排第一。这是韩国的特殊优势。韩国是第二次世界大战以后，全世界仅有的两个从殖民地变身的发达国家。另外一个是新加坡，但新加坡的地理位置太好了，韩国位置比较偏，不在国际主航道上，土地也很贫瘠，北方还面临强大的安全威胁，完全就是依靠科技产业升级一步一步发展成了发达国家。可以说，韩国所创造的奇迹主要就是它背后世界领先的万人科研人员数量支撑起来的。

### 五、坚实的基础教育是人才培养之要义

现在，距离恢复高考已经过去了四十多年。那么，强调基础教育的"应试教育"下成长起来的中国人，做得怎么样？答案很清楚：非常好。能吃苦，基础知识又好，形成了举世公认的中国"工程师红利"。可以说，改革开放之前成长起来的劳动力，支撑了中国最艰苦的基础工业、基础设施和劳动密集型产业的发展；而改革开放恢复高考以后成长起来的劳动力，则支撑了中国高科技产业的持续跨越。

这一代人成为社会主流工作人群的时代，中国学习能力很强，快速追赶了国际先进水平；同时创新能力也很强，在很多领域的自主研发都打破了国外垄断，又在包括5G等诸多科技创新领域走到了世界最前列。历史已经证明，中国在最

近数十年间培养起来的一代代人,是极为优秀的,能吃苦,知识基础扎实,还有着强大的创新能力。

我们可以这样认为,学习并熟练地掌握那些有利于社会进步的基础知识,是每一代人的责任和义务。那么,什么才是有利于社会进步的核心基础知识呢?

根据联合国教科文组织公布的学科分类目录,基础科学分成七大类:

(1)数学:包括代数学、分析学、几何学、统计学、拓扑学、应用数学、计算数学、计算机科学等。

(2)物理学:包括粒子物理学、凝聚态物理学、光学、广义相对论、场论、量子力学、统计力学等。

(3)化学:包括分析化学、无机化学、有机化学、物理化学、结构化学、高分子化学等。

(4)生物学:包括植物学、动物学、细胞生物学、生物化学、分子生物学、生态学、遗传学等。

(5)天文学:包括宇宙学、宇宙起源学、天星学、射电天文学、太阳系学等。

(6)地球科学:包括大气物理学、大地测量学、水文学、海洋学、土地学、空间科学等。

(7)逻辑学:包括逻辑的运用、演绎逻辑、一般逻辑、归纳逻辑、方法论等。

这七大类基础科学中的基础理论,就是人类的核心知识。

人类核心知识,是人类自诞生以来在历史发展过程中总结出来的。它被历史证明是对人类社会进步作用最大、最重要的知识。特别是进入工业化时代以后,这些知识的传承和发展,直接决定了一个国家和民族的兴衰乃至存亡。

个人的生存发展,可以不依赖人类核心知识——他可以依靠艺术或者体育等特长谋生。但对大规模的人类群体而言,就必须依靠这些核心知识。国家与民族之间的发展竞赛,最重要的就是看谁更能熟练地掌握和应用人类核心知识。因此,世界上主要国家的基础教育课程,都是围绕着让后代尽快掌握人类核心知识而设计的。

在 5G 和人工智能时代,这些核心知识不仅不会失去重要性,还会变得更加

## 人工智能、5G与物联网时代的中国产业革命

重要。5G 技术的核心是什么？数学算法和通信物理。人工智能的技术核心是什么？数学算法。芯片制造技术的核心是什么？化学和光学。EDA 软件的核心技术是什么？还是数学和物理——一方面要能把芯片的电路运行过程计算清楚，一方面要能把设计图的运行情况模拟得跟真实的物理世界一样。

这些最先进的科技成果都是人类核心知识创新的产物，是一代代人一点一滴的微小创新叠加的成果。所以，在新一代产业革命来临的时候，绝大部分中国人应该努力学好的知识是什么？就是数学算法和物理化学知识以及把这些知识变成计算机程序的知识。

在核心基础知识方面打下了良好的基础之后，我们培养面向人工智能时代的柔性化人才、创新型人才才有了前提和基础。但仅有这个基础还不够，还要往前走，要拓展孩子们的知识视野，培养他们结构化、多维度的思维能力。

首先，是拓展知识以及拓宽视野。在核心知识之外，多参加社会实践、多阅读课外书籍、多到世界各地旅游甚至游学，都很有必要。这是建立在扎实学习核心基础知识基础上的一种拓展，而不是对核心知识学习的否定。我们以及我们的上一代人，小时候没有这样的物质基础，只能埋头学好数理化。

现在经济发达了，但凡条件允许的家庭，利用假期带着孩子在全国各地乃至世界各地旅游，利用网络工具与外部世界沟通交流，都是很好的。也可以去田间地头体验农业种植，去参观世界上最大的射电望远镜"FAST"，去国外国内一流大学的图书馆流连一番或者听一场讲座……这个部分的锻炼，追求的是潜移默化的长远影响，不需要像参加钢琴考级或升学考试一样，给孩子施加压力和痛苦，它是一种有趣的课外拓展，无须立竿见影的提升。我们期望下一代人可以比我们有更广的视野、更创新的思维，通过这种办法是可以做到的。

其次，是注重思维能力的培养。古希腊哲学家柏拉图把数学称之为"思维的体操"，学习数学的过程，就是锻炼思维能力的绝佳过程。我们在前面强调的核心底层基础知识，都是人类思维能力的伟大结晶，通过系统有序地学习这些核心知识，可以有效培养我们线性思维和结构化思维的能力。此外，语文中的语法教育，政治中的唯物辩证法教学，都可以起到锻炼逻辑思维能力的效果。

如前面图 13 中所展示的那样：从线性思维，到结构化思维，再到多维度思维，是人类思维模式演进的一般规律。多维度思维是建立在线性思维和结构化思维的基础之上的。必须先对已有知识进行足够的整理和总结，才能打破旧有思维模式进行逆向思维、创新思维。

由于多维度思考在诸多看似不相关的知识之间建立了新的联系，思维水平有所不足的人无法理解其中的奥妙，以为它跟杂乱无章的零碎知识和想法差不多，只需要把杂乱的知识随意连接起来就可以实现"创造性思维"了。这种想走捷径的办法是行不通的，就好像书法上的草书和儿童的涂鸦一样，前者看似凌乱实则有规律可循，其间的美感、笔法和力度都经过千锤百炼，后者则是连正常的书写规则都没有掌握的结果——儿童的潦草字迹和经过刻苦训练的行书、草书绝不是一个概念。

想走捷径，跳过基本功就直奔"创新"而去的做法，无疑是"懒汉思维"。

### 六、面向 5G 与人工智能时代的国家创新体系

我们用大量篇幅论述了关于教育和人才的问题。在一本围绕"5G、人工智能、产业革命"为主题的书中，这似乎显得似乎有点分量过重。这是因为，创新的核心主体是人，一切创新活动都是围绕人来展开的。只要有了足够高素质的人才，各种制度问题都可以被人才改变，各种"卡脖子"技术都可以被人才突破，各种创新体系的漏洞都可以被人才弥补。

技术落后的国家，可以通过培养更有创新能力的人才来实现赶超；而先进国家的衰落，则往往是因为人才培养体系或理念出了问题。总之，人的培养是创新和发展的核心问题。国家之间的竞争，归根结底是人的竞争。从长远来看，能够培养出更优秀的下一代的民族终将取得胜利，而在这方面出了问题的国家和民族，不管他们的过去或现在如何辉煌，也终将走向衰落。

中国过去几十年来在经济建设中取得的各种奇迹，都可以归结到"培养了什么样的人和选拔了什么样的人"这个问题上来。我们的文化和制度，培养了世界上最能吃苦耐劳、遵纪守法、受过基础文化教育且数量庞大的劳动者群体，又培

## 人工智能、5G与物联网时代的中国产业革命

养了世界上数量最为庞大的、受过严格科学训练的理工科大学毕业生群体——这两大群体,是支撑中国崛起的主要力量。

最后,我们再来总结一下,面向5G和人工智能时代的中国国家创新体系应该是什么样的。

第一,通过完善的基础教育体系将绝大多数国民培养成熟练掌握数学、物理、计算机、逻辑等人类核心底层基础知识的人才。

第二,高等教育的义务化,研究生学历普及化,大多数国民都可以在综合性大学学习核心知识和综合知识,人均教育时间极大提升。

第三,在综合性大学体系完善的基础上,存在一大批类似于美国的国家实验室、德国的马克斯·普朗克学会[①]、日本的理化研究所、中国科学院等高度专业化的顶级研究机构。

第四,拥有一批类似于德国弗劳恩霍夫应用研究促进会[②]的负责实现研究成果向产业化转化的中间组织。

第五,大中型企业广泛建立应用技术和准基础科学研究院,巨型企业普遍建

---

[①] 马克斯·普朗克科学促进学会(Max Planck Institute for the Advancement of Science, MPIAS),简称马普学会,是德国政府资助的全国性学术机构,科研经费来自联邦政府和州政府拨款、政府科技计划项目经费和私人捐助。下设很多研究所(站)和课题组。它们遍布于德国各地,多与大学相毗邻,起到一个与大学联合进行专业科学研究的作用。学会是一个独立的非营利性研究组织。主要任务是支持自然科学、生命科学、人文科学和社会科学等领域的基础研究,支持开辟新的研究领域,与高等院校合作并向其提供大型科研仪器。学会成员可以从教学工作中脱身出来,更专注地从事科研活动。马普的前身是成立于1911年的当时德国最高学术机构威廉皇帝学会。当时的德国皇帝威廉二世相信,科学技术的兴起能够增强国家的实力,因此以自己的名字建立了威廉皇帝学会,以增强德国的科研力量。威廉皇帝学会培养了众多大科学家,例如:爱因斯坦(1921年诺贝尔物理奖)、瓦尔特·博特(Walther Bothe, 1954年诺贝尔物理奖)、彼得·德拜(1936年诺贝尔化学奖)、弗里茨·哈伯(1918年诺贝尔化学奖)、维尔纳·海森堡(1932年诺贝尔物理奖)等。(资料来源:马克斯·普朗克学会官网)

[②] 弗劳恩霍夫协会(Fraunhofer-Gesellschaft),又称弗劳恩霍夫应用研究促进会,是德国也是欧洲最大的应用科学研究机构,成立于1949年3月26日,以德国科学家、发明家和企业家约瑟夫·弗劳恩霍夫的名字命名。不同于马克斯·普朗克研究协会,弗劳恩霍夫协会致力于面向工业的应用技术研究。塑造技术,设计新产品,改善卫生、通信、安全、节能、环保等生产方式和技术。弗劳恩霍夫协会是公助、公益、非盈利的科研机构,为企业,特别是中小企业开发新技术、新产品、新工艺,协助企业解决自身创新发展中的组织、管理问题。弗劳恩霍夫协会总部位于德国慕尼黑,在德国有69个研究机构,约24500名员工(截至2017年5月),70%的科研经费来源于公共竞争的企业及政府项目。经费中会有至少40%会用于社会性、非商业化的科研工作。"马克斯·普朗克学会+专业化的大学体系+弗劳恩霍夫协会"及其与企业特别是中小企业的合作机制,构成了德国国家创新体系的主线。(资料来源:弗劳思霍夫协会官网)

立基础科学研究机构。

——以上主要是立足于技术的研发和产业化，兼顾人才培养。

> **专题：美国国家创新体系——从企业中央研究院到国家实验室**
>
> 美国大企业发展的鼎盛时期，大企业中央研究院和实验室都是神一样的存在。如通用电气的工业实验室、AT&T 的贝尔实验室、杜邦中央实验室、施乐公司的帕洛阿尔托研究中心（PARC）等。这些实验室会同时做基础研究和应用研发，而基础研究的光芒则更加突出，经常会引领一个产业的发展。
>
> 通用电气公司（GE）的工业实验室诞生于 1900 年，第一次明确地将实验室完全地与工厂分离出来。它非常关心基础理论的研究和突破。这是人类工业发展史上的一次全新高地，它超越了工厂，超越了技术，反向进入了基础科学的殿堂。当时的石油公司、AT&T 都抱着基础研究应该由麻省理工学院、哈佛大学去做的心态。然而，一种"企业向科学前沿进军"的浪漫主义情怀却开始在制造业中蔓延开来。在基础研究的推动下，到 1924 年，通用电气的销售额已经达到了 3 亿美元，是设立实验室之前的 10 倍，人员也从 1.2 万人增加到 8.2 万人。这期间，白炽灯、无线电和 X 射线，成为实验室的头牌之作。这些都为通用电气的长期发展带来了蓬勃动力。1965 年，工业实验室改组为通用中央研究院。
>
> AT&T 公司的贝尔实验室诞生于 1925 年。贝尔实验室自成立以来共推出 27000 多项专利，平均每个工作日推出 4 项专利。在过去的一个世纪中，贝尔实验室为全世界带来的创新技术与产品囊括了：第一台传真机、按键电话、数字调制解调器、蜂窝电话、通信卫星、高速无线数据系统、太阳能电池、电荷耦合器件、数字信号处理器、单芯片、激光器和光纤、光放大器、密集波分复用系统、首次长途电视传输、高清晰度电视。它的存储程序控制和电子交换、数据库及分组技术为智能网的应用铺平了道路；它开

发的 UNIX 操作系统使各类计算机得以大规模联网，从而成就了今天实用的 Internet；C 和 C++ 语言是使用最为广泛的编程语言之一。贝尔实验室的研究成果一共获得 8 项诺贝尔奖，其中 7 项物理学奖，1 项化学奖。

杜邦公司的中央实验室诞生于 1921 年。它研发的产品帮助杜邦从单一的黑色火药厂，最后发展成为有 2000 多个品种的化学与材料帝国。其中最著名的发明是 1935 年研发的尼龙（聚酰胺纤维），是 20 世纪最重要的发明之一。尼龙是世界上出现的一种合成纤维，它的出现使纺织品的面貌焕然一新，它的合成是合成纤维工业的重大突破，同时也是高分子化学一个非常重要的里程碑。此外，杜邦实验室还研发了莱卡、对位芳纶等许多具有重要意义的现代材料。许多杜邦的科学家成为美国国家科学院院士，而在杜邦实验室工作了 42 年的佩德森，则在 1987 年成为诺贝尔化学奖获得者。

施乐公司的帕洛阿尔托研究中心（PARC）诞生于 1970 年，位于美国硅谷，许多现代计算机技术的诞生地。他们的创造性的研发成果包括：个人电脑、激光打印机、鼠标、以太网；图形用户界面、**Smalltalk**、页面描述语言 **Interpress**（PostScript 的先驱）、图标和下拉菜单、所见即所得文本编辑器、语音压缩技术等。该研究中心是硅谷电子信息产业发展的诸多关键性技术来源，微软公司和苹果公司创立之初的主要技术思想都来自于该中心。

但在进入 21 世纪以后，这些大企业的中央研究院或实验室的光芒有所收敛。这跟罗斯福新政和第二次世界大战以后美国政府力量的快速增长密切相关。在罗斯福新政之前，美国政府在国家产业经济和技术研发方面的影响力十分微小，投入也很少。完全自由放任的市场竞争中成长起来的企业在技术研发方面就扮演了非常重要的角色。那些超大企业从产品开发的环节"逆流而上"，逐步进入基础科研领域，由企业为主导来推动基础科研及其与应用技术的融合成为潮流。这就是美国大型企业中央研究院或实验室在"二战"前高度发达的根由。

在罗斯福新政和第二次世界大战以后，政府加大了在技术研发方面的投入。由政府投入建设的"国家实验室"制度兴起。

从历史上看，美国的国家实验室绝大多数都成立于"二战"和冷战期间，负责完成战略性、前瞻性、基础性、集成性科技创新任务，攻克事关国家核心竞争力和经济社会可持续发展的关键核心技术，率先掌握了可形成先发优势、引领未来发展的颠覆性技术，保证了美国在重要科技领域、重大安全领域的领先性和自主性。

**美国能源部国家实验室概况**

| 实验室 | 成立时间 | 独有的科研装备 | 年度经费（亿美元） | 占地面积（平方千米） |
|---|---|---|---|---|
| 1. 阿莫斯国家实验室（AMES） | 1947 | 材料制备中心（MPC） | 0.57 | 0.04 |
| 2. 阿贡国家实验室（ANL） | 1946 | 先进光子源（APS）；串联直线加速器装置（ATLAS）；Mara超级计算机等 | 7.34 | 6.14 |
| 3. 布鲁克海文国家实验室（BNL） | 1947 | 重离子对撞机（RIHC）；同步辐射光源（NSLS）；交互梯度同步加速器（AGS）等 | 5.8 | 21.53 |
| 4. 费米国家加速器实验室（FNL） | 1967 | 万亿电子伏特加速器（TEVA）；超大型强子对撞机；μ子对撞机等 | 3.9 | 27.52 |
| 5. 劳伦斯伯克利实验室（LBNL） | 1931 | 先进光源（ALS）；国家电子显微术中心（NCEM）；分子铸造厂等 | 7.9 | 0.82 |
| 6. 橡树岭国家实验室（ORNL） | 1943 | 等时性回旋加速器（ORIC）；直线加速器脉冲中子源（ORELA）等 | 14.1 | 17.89 |
| 7. 西北太平洋国家实验室（PNNL） | 1965 | 环境分子科学实验室；放射化学过程实验室等 | 8.8 | 2.36 |
| 8. 普林斯顿等离子物理实验室（PPPL） | 1951 | NSTE球形环装置；托卡马克聚变试验装置（TFTR） | 0.9 | 0.37 |
| 9. 国家加速器实验室（SLAC） | 1962 | 直线高能电子加速器（LAC）；正负电子加速换（SPEAR）；同步辐射光源（SSRL）等 | 4.3 | 0.17 |

续表

| 实验室 | 成立时间 | 独有的科研装备 | 年度经费（亿美元） | 占地面积（平方千米） |
|---|---|---|---|---|
| 10. 托马斯杰斐逊国家加速器实验室（TJNAF） | 1984 | 连续电子束加速器装置（CEBAF）；自由电子激光（FEL）等 | 1.6 | 0.68 |
| 11. 爱达荷国家实验室（INL） | 1949 | 改进型实验反应堆（ATR）等 | 9.2 | 3.6 |
| 12. 洛斯阿拉莫斯国家实验室（LANL） | 1943 | 双轴射线水动力试验设备（DRHTF）等 | 19.6 | 90.65 |
| 13. 劳伦斯利弗莫尔国家实验室（LLNL） | 1952 | 国家点火装置（NIF） | 155.3 | 31.16 |
| 14. 国家再生能源实验室（NREL） | 1977 | 分布式能源资源测试装备（DERTF）等 | 3.95 | 2.53 |
| 15. 桑迪亚国家实验室（SNL） | 1949 | Z Machine等 | 27.7 | 78.3 |
| 16. 纳河国家实验室（SRNL） | 1951 | 细胞防护装置（SCF）等 | 2.54 | 0.16 |
| 17. 国家能源技术实验室（NETL） | 1910 | 仿真工程实验室（SBEL）等 | 2.34 | 0.98 |

数据来源：《能源部国家实验室年度运行现状报告》，"年度运行经费"为2015财年数据，占地面积和人员数量的统计截至2016年12月31日。

国家实验室由政府出资，与高校和企业合作，运行经费充沛稳健，拥有独立、充裕的运行空间，科研资源丰富，装备先进。每个实验室都拥有一个或多个特有的大科学研究装置，为学术界提供了其他科研机构难以匹敌的实验条件。由于政府比大企业更关注国家的整体和长远发展，因此在基础科研方面的支持力度比大型企业更大。随着国家实验室等政府主导的基础科研体制的发展，传统的企业中央实验室在基础科研方面的地位就有所弱化，进而更加强调应用技术的研究。GE的中央研究院、杜邦实验室等也纷纷加强和国家实验室的联系。英特尔等战后新兴企业，则从一开始就注意与国家实验室密切合作，把与企业应用技术相关的基础科研放到国家实验室进行。至此，美国的"国家实验室＋综合性研究型大学＋企业中央研究院"的国家创新体系才基本发育成熟。

资料来源：各机构官网、"知识自动化"微信公众号、"南山林雪萍"微博等。

第六，建立健全的军民融合体系。在长期没有大规模战争的情况下，备战技术能快速无缝地转化为民用产品。

第七，各级政府在智慧城市、智能政务、智慧安防中全面推动5G和人工智能、物联网相关技术的先行先用，为新技术应用创造尽可能多的应用场景。场景创新成为连接政府推动技术创新的重要模式。

第八，全社会广泛兴起追求高科技产品的新消费理念，取代原来那种追捧文化类、设计类奢侈品的消费理念。

——以上主要是立足于应用场景的拉动，兼顾技术研发。

第九，拥有全面支持科技创新的多层次金融体系，从基础科学研发到科技型企业培育壮大的全链条金融支持发育成熟，基于5G和人工智能的金融科技广泛应用。

第十，拥有支持科技成果转化的生态，科技咨询机构、成果转化平台等中介性质的生态普遍发育。

第十一，拥有完善科学的知识产权保护体系，形成高度活跃的知识产权交易市场。

——以上主要是立足于创新生态的建立。

第十二，政府与市场合理弹性分工。多元的所有制形态、多元的企业产权结构、多元的企业管理模式共生共存，形成不断优化的多元主体充分竞合的经济结构。

——以上主要是基于创新主体多元竞合模式的构建。

此外，还有要素的合理流通、城镇体系和城市生产生活空间的合理化、产业

## 人工智能、5G与物联网时代的中国产业革命

集群的培育，等等。这些内容我在"城市战略家"书系中有系统的介绍，但最重要的还是前面列举的十二条。

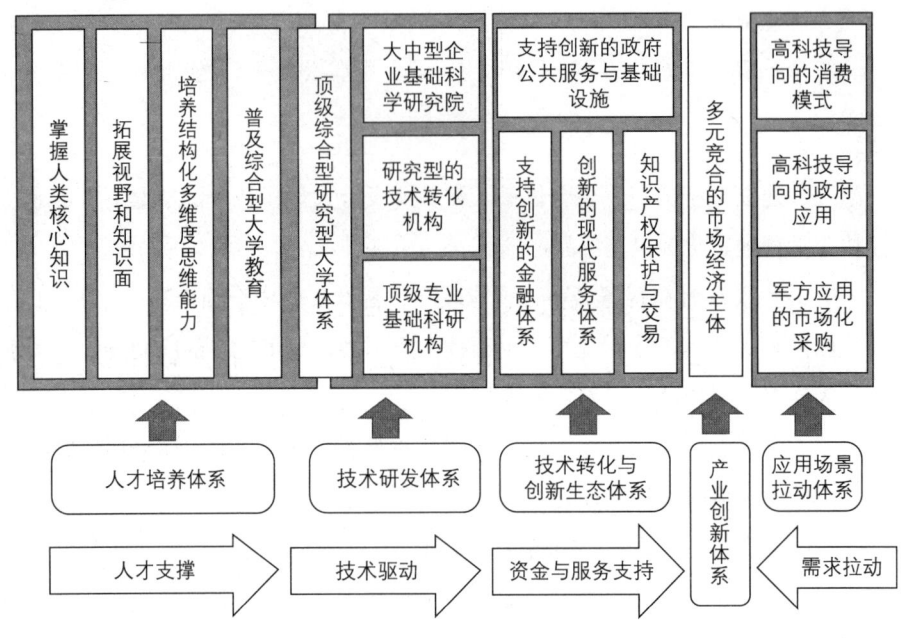

图14　国家创新体系总览

图14没有把军事创新体系完全融合进去。军事创新与民用市场创新，存在一种"投影映射"关系，也就是说，军事系统自己有一套比较完整的人才培养、技术研发、产品生产和应用测试体系，与图14存在一一对应的关系。每一个环节，都可以和民用市场产生联动或者说融合的关系。也有的创新理论将这样的关系称之为"管道创新模式"，也就是军工创新像一根管子一样贯通了创新地区全部环节，通过军民融合机制与全链条的民用市场创新互动。

比较典型的是航空航天领域，在人才培养上有军方航空院校和研究机构，有从材料、发动机、空气动力学、工业软件、飞机制造在内的全产业链条（包括生产和配套服务），还有发射和军事演习等应用场景——这些力量与民用航空的人才培养、飞机研发与制造各个环节一一对应，双方的互动可以让创新资源更好地

发挥效率，比如把军用的发动机技术用于民用航空，把民用航空的材料技术用于军事，等等。人才的共享也十分容易。

我们把军事创新体系单独提出来，则这个创新体系图就变成了图15的样子。

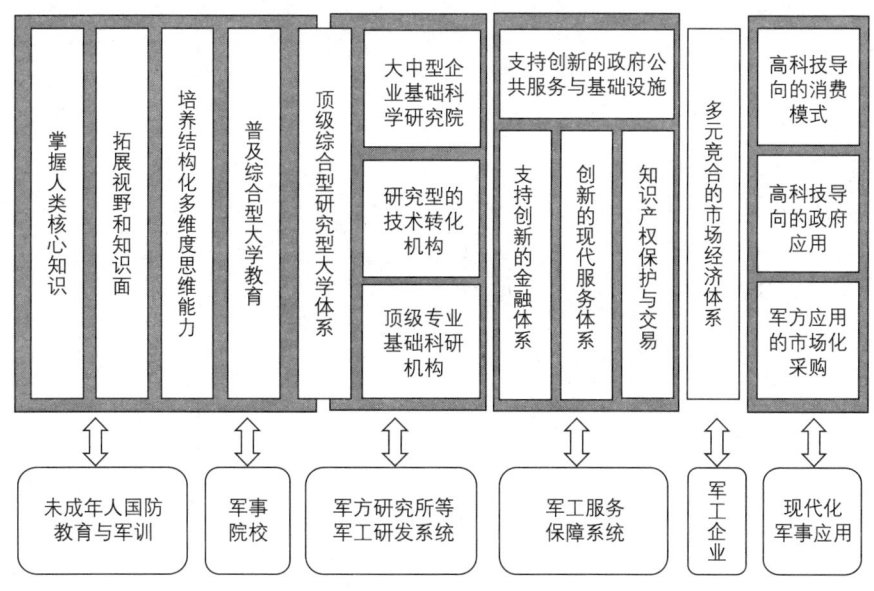

图15　军民融合视角下的国家创新体系

在这个体系中，每一个模块内部都需要一套体制机制来支撑，而每一个模块之间的联系也至关重要。以上关于国家创新体系的内容绝大多数都已经变成中国的国家发展战略，正在积极推进当中。这里做一个系统的总结，让读者对此有清晰的认识，也可以更好地明白。

国家民族乃至全人类的进步，都是由一个千百万人所组成的集体的力量体系化推动的，每个人都有自己的价值和作用，它不是少数天才人物决定的，也不会是少数天才加先进技术淘汰大多数人的进程。只有通过包括我们自己在内的亿万人的共同努力、团结协作，我们才能创造新的奇迹。

POSTSCRIPT
后　记

2012年，我出版了《中国崛起的经济学分析》一书，从经济体制、政治制度和文化传统等层面研究了中国崛起的原因和必然性。今天回过头来看，这本书的核心观点经受住了时间的考验，也产生了一定的影响力。但是，这本书主要是从宏观方面所做的分析，虽然涉及产业结构的问题，也主要是从经济理论的视角来讲的。总体而言，缺乏对产业结构和高新技术发展趋势的关注，这是此书的一大缺憾。

这些年，随着我对产业问题的更多关注，特别是在实际工作中与产业发展实践的接触，越来越感觉到产业问题及其背后的技术、组织和人才问题，对理解国民经济发展具有至关重要的意义。

最近几年，在以5G、人工智能和物联网为代表的新一轮技术革命爆发的背景下，科技进步和产业升级对国家命运的决定性意义就更为凸显。国人对于高新技术和产业重要性的认识也得到了极大加强。但令人遗憾的是，长期以来，经济学者对技术进步的影响关注不足，习惯于将技术视为一个抽象的"外生变量"，甚至连产业经济学这种显然需要将产业技术与经济发展联系起来的交叉学科，在实际研究中也把精力放在了经济学理论模型的建构上，而不重视研究具体的产业技术特征。

为此，我在对关键技术和核心产业进行比较研究的基础上，写成了本书，也算是对《中国崛起的经济学分析》一书的补充和修订。它不仅关注产业问题，更关注产业背后的技术发展、创新组织和人才培养等更深层次的问题。读者如果能把这两本书结合起来读，就会对中国经济发展的过去与未来有一个比较全面的

**人工智能、5G与物联网时代的中国产业革命**

看法。

如果两书的一些具体表述有不一样的地方,则应该以本书为准。在未来合适的时候,我也会根据自己在高新科技产业方面的新研究新体会,对《中国崛起的经济学分析》进行适当修订。

在这两本书写作的中间,我还开始了《从黄河文明到"一带一路"》的写作,目前已经完成了前三卷,将中国从远古到鸦片战争的历史梳理完毕,此后,还会继续梳理一直到现当代。也可以说,《从黄河文明到"一带一路"》系列是在梳理历史,《中国崛起的经济学分析》是在分析现在,而本书则更着眼于未来。这三套书看起来侧重点差异不小,但其间自有一脉相通的地方。其共同的写作目的,都是为了更好地理解中国以及中国和世界的关系,并努力为国家和人类的进步做出一些力所能及的贡献。

李晓鹏

2020 年 12 月 11 日

# REFERENCES
## 参考文献

[1] 张晨霜. 大跨越：中国电信业三十年春秋 [M]. 北京：人民出版社，2008.

[2] 松尾丰. 人工智能狂潮 [M]. 赵函宏，高华彬，译. 北京：机械工业出版社，2016.

[3] 路风. 走向自主创新：寻求中国力量的源泉 [M]. 北京：中国人民大学出版社，2019.

[4] 项立刚 .5G 时代 [M]. 北京：中国人民大学出版社，2019.

[5] 克里斯·弗里曼，弗朗西什科·卢桑. 光阴似箭：从工业革命到信息革命 [M]. 沈宏亮，译. 北京：中国人大学出版社，2007.

[6] 吴军. 智能时代：大数据与智能革命重新定义未来 [M]. 北京：中信出版集团，2016.

[7] 腾讯研究院，等. 人工智能：国家人工智能战略行动抓手 [M]. 北京：中国人民大学出版社，2019.

[8] 尼克. 人工智能简史 [M]. 北京：中国工信出版集团，人民邮电出版社，2019.

[9] 樊春良. 全球化时代的科技政策 [M]. 北京：北京理工大学出版社，2005.

[10] 王晓蓉. 国家创新体系的比较与创新型国家建设 [M]. 北京：经济管理出版社，2014.

[11] 弗朗斯-约翰松. 美第奇效应 [M]. 北京：商务印书馆，2006.

[12] 威廉姆·邦维利安. 先进制造：美国的新创新政策 [M]. 上海：上海社会科学院出版社，2019.

[13] "知识自动化"微信公众号.

[14] 微博. 南山林雪萍 [EB/OL].[2020-08-13].https://weibo.com/u/1718633303?is_all=1.

[15] 微博. 西工大叔 [EB/OL].[2020-08-13].https://weibo.com/peihuijie?is_all=1.

[16] 卡斯帕罗夫. 深度思考：人工智能的终点与人类创造力的起点 [M] 集智俱乐部，译. 北京：中国人民大学出版社，2018.

[17] 佛朗哥，安东尼.电路与系统简史[M].秦达飞，等，译.北京：清华大学出版社，2018.

[18] 和文凯，曾晓萱，美国半导体制造技术研究联合体：SEMATECH[J].科研管理，1995（3）：58-63，28.

[19] 林毅夫.金融创新如何推动高质量发展：新结构经济学的视角[J].新金融评论，2019（4）：34-35.